인공지능 시대 자녀를 성공으로 이끄는
최고의 부모

인공지능 시대 자녀를 성공으로 이끄는

최고의 부모

김영락 지음

저자의 글로벌 시장과 교육 현장의 40년 경험이 빚어낸 지혜의 결실

"21세기 부모를 위한 실천적 교육 지침서!"

글로벌 CEO들이 강조하는 미래 인재 5가지 핵심 역량

창의력
Creativity

문제해결능력
Problem-Solving
Skills

협업
Collaboration

자기주도적 학습력
Self-Directed
Learning Ability

디지털 문해력
Digital Literacy

좋은땅

오늘날 우리는 거대한 변화를 마주하고 있습니다. 인류의 역사를 바꿔 온 네 차례의 산업혁명 가운데, 지금 우리가 경험하고 있는 네 번째 산업혁명은 그 어느 때보다 빠르고 깊게 우리의 일상과 세상을 바꾸어 놓고 있습니다. 1차 산업혁명은 증기기관으로, 2차 산업혁명은 전기와 대량생산으로, 3차 산업혁명은 컴퓨터와 인터넷으로 세상을 바꾸었습니다. 그리고 4차 산업혁명은 인공지능(AI), 빅데이터, 로봇, 생명공학, 사물인터넷과 같은 새로운 기술들이 서로 결합하여 인간과 기계의 경계를 허물어 가고 있습니다.

이러한 변화는 단순히 산업 분야에만 머무르지 않습니다. 정치, 경제, 사회, 문화는 물론이고 교육, 법률, 윤리, 심지어 인간관계와 가치관에까지 커다란 영향을 미치고 있습니다. 이제는 예전처럼 한 번 배운 지식만으로 평생을 살아가는 것은 불가능해졌습니다. 학생이든 직장인이든, 모두가 배움과 자기 개발, 즉 배우고 또 배워야 하는 '평생학습자'로 살아가야 하는 시대에 들어선 것입니다.

이제 이러한 변화 속에서 가장 먼저 변화해야 하는 사람은 부모님입니다. 과거에는 단순히 성적이 좋은 학생이 좋은 대학에 진학하고, 좋은 직장을 가지면 인생의 성공이 보장된다고 여겨졌습니다. 그러나 이제는 그렇지 않습니다. 오늘날 기업은 스펙보다 문제해결 능력, 협업 능력, 창의적 사고와 같은 역량 중심의 인재를 원합니다. 직무보다 '역량'이 더 중요한 시대가 된 이유는 인공지능 기술이 빠른 속도로 일자리를 변화시키고 있기 때문입니다. 단순하고 반복적인 업무는 AI가 대신하게 되지만, 새로운 가치를 창출하는 사고와 통찰, 그리고 인간적인 감성을 발휘하는 능력은 여전히 사람만이 할 수 있습니다.

따라서 부모님이 자녀 교육에서 가장 중점을 두셔야 할 부분은 단순한 지식 주입이나 성적 관리가 아닙니다. 오히려 '공부 그릇'을 키워 융합적 사고를 할 수 있는 역량을 기르는 데 더 많은 노력이 필요합니다. 성적은 일시적인 결과에 불과하지만, 문제를 넓게 바라보는 시각, 창의적으로 해석하는 힘, 사람들과 함께 협력하며 성장해 나가는 태도는 평생 자녀의 삶을 지켜 주는 힘이 됩니다.

또한 부모님께서는 자녀의 성격과 적성을 바르게 이해하고 지원하셔야 합니다. 자녀를 다른 누구와 비교하거나 획일적인 기준에 맞추기보다는, 자녀의 타고난 특성과 흥미를 존중하고 개별 역량을 발휘할 수 있는 길을 함께 찾아주셔야 합니다. 단순히 성적을 관리하는 부모가 아니라, 자녀의 가능성과 잠재력을 일깨워 주는 '코치형 부모'로 옆에서 손을 잡아 주셔야 합니다.

특히 4차 산업혁명 시대에는 스스로의 생각을 인식하고 조절하는 능력인 메타인지, 우뇌를 통한 창의성과 감성, 독서를 통한 사고력 확장, 문제해결 능력, 그리고 평생학습의 습관이 무엇보다 중요한 키워드로 떠오르고 있습니다. 이 책은 바로 그러한 변화의 핵심을 부모님들께서 먼저 배우고 실천하실 수 있도록 안내하기 위해 집필하였습니다.

'최고의 부모'란 지식을 많이 알거나 완벽한 분이 아닙니다. 변화하는 세상에서도 끊임없이 배우며 성장하는 모습을 보여 주고, 자녀가 스스로 배움의 길로 나가도록 길을 열어 주는 분이 바로 최고의 부모입니다. 부모님께서 먼저 배우고 변할 때, 자녀도 희망을 가지고 성장하며, 부모님의 발걸음을 따라 새로운 도전 앞에 서게 됩니다.

이제 부모님께서도 평생학습자로서의 길을 걸어가셔야 합니다. 변화를 두려워하지 않고, 열린 자세로 배우고 실천하는 모습을 보여주실 때, 자녀 또한 불확실한 미래를 두려움 대신 도전의 무대로 받아들이게 될 것입니다.

이 책은 부모님께서 인공지능 시대라는 거대한 변화 앞에서 어떤 마음가짐과 준비를 하셔야 하는지를 다루고 있습니다. 산업혁명의 역사에서 교훈을 찾고, 다가올 미래 사회가 원하는 인재상을 이해하며, 부모님이 지녀야 할 자세와 역량에 대한 구체적인 길잡이가 될 내용을 담았습니다.

마지막으로, 이 책을 펼쳐 주신 부모님께 작은 질문을 드리고 싶습니다.

"부모님께서는 자녀에게 어떤 부모로 기억되고 싶으십니까?"

그 답은 결국 부모님의 선택과 작은 실천 하나하나에 달려 있습니다.

이 책을 통해 모든 부모님께서 최고의 부모로 거듭나시고, 자녀가 자신의 잠재력을 마음껏 발휘하는 미래형 인재로 성장할 수 있기를 진심으로 바랍니다.

저자 김영락 드림

자녀의 올바른 진로 선택과 미래의 성공은 결코 우연히 이루어지지 않습니다. 아이가 어떤 성격과 적성을 가지고 태어났는지를 부모님께서 일찍부터 살펴보고 이해해 주시는 과정이 꼭 필요합니다. 적성은 단순한 취향이나 흥미가 아니라, 아이가 어떤 분야에서 몰입하고 성취를 경험할 수 있는지를 보여 주는 타고난 잠재력의 지도와도 같습니다. 그렇기에 조기 적성검사는 단순히 결과를 알려 주는 검사가 아니라, 자녀의 교육 방향과 삶의 설계를 위한 중요한 출발점이 됩니다.

첫째, 조기 적성검사는 아이 스스로를 이해하는 첫걸음이 됩니다. 어린 시절부터 자신이 무엇을 좋아하고 잘할 수 있는지를 알게 되는 아이들은 학습에 더 큰 동기를 얻습니다. 작은 성취 경험이 쌓여 자신감으로 이어지고, 긍정적인 자아 개념이 형성됩니다.

둘째, 조기 적성검사는 불필요한 시행착오를 줄여 줍니다. 아이의 적성을 무시한 진로 선택이나 학습은 자칫 시간과 에너지를 소모하는 길이 될 수 있습니다. 반대로 일찍부터 적성에 맞는 학습 경험을 제공받은 아이들은 자신의 강점을 살려 성장하며, 자기의 길을 더 빠르고 안정적으로 찾아갑니다.

셋째, 조기 적성검사는 맞춤형 교육의 근거가 됩니다. 모든 아이들은 서로 다른 기질과 잠재력을 가지고 태어납니다. 그렇기 때문에 동일한 방법으로 지도하는 일률적인 교육보다, 개인의 적성에 맞는 맞춤형 교육이 필요합니다. 이는 부모님과 교사가 협력하여 자녀를 지원하는 데 과학적 근거가 될 수 있으며, 결과적으로 학습 효과를 높이고 성장 속도를 앞당길수 있습니다.

넷째, 조기 적성검사는 진로 탐색에 나침반 역할을 합니다. 학업 성적이나 외부의 기대에 맞추어 진로를 정하는 것이 아니라, 본인의 성격과 적성에 기초하여 진로를 설계할 때 아이는 직업적 성취와 삶의 만족을 동시에 누릴 수 있습니다. 무엇보다도 그 길에서 자신이 행복할 수 있다는 확신을 얻게 됩니다.

다섯째, 조기 적성검사는 미래 역량을 키우는 토대가 됩니다. 인공지능 시대는 단순한 지식 암기보다 창의적인 문제해결 능력, 자기 주도적 학습 능력이 중요한 시대입니다. 적성은 이러한 힘을 키워 주는 개인의 고유한 엔진과도 같습니다. 부모님께서 조기 적성검사를 통해 자녀의 엔진이 무엇인지 일찍 발견하시고, 그것을 올바른 방향으로 연결해 주신다면 아이는 훨씬 단단하게 성장할 수 있습니다.

결론적으로 조기 적성검사는 단순히 아이의 현재 상황을 진단하는 기능에 머무르지 않습니다. 이것은 자녀의 미래를 위한 가장 현명한 투자입니다. 부모님께서 먼저 자녀의 성격과 적성을 이해해 주실 때, 자녀는 불필요한 시행착오 대신 자신만의 가능성을 활짝 꽃피울 수 있습니다. 그 길은 결국 자녀를 인공지능 시대의 당당한 주인공으로 이끌어 줄 것입니다.

미래인재적성연구소 대표 김영락

자녀를 사랑하는 열린 마음으로

지금 우리는 인류 역사상 가장 거대한 전환점 앞에 서 있습니다. 18세기 중기기관의 발명으로 시작된 산업혁명의 물결은 전기와 컴퓨터 시대를 거쳐 이제는 인공지능(AI)이라는 거대한 파도로 우리 삶의 전 영역을 근본적으로 바꾸고 있습니다.

기술의 발전은 단순히 산업 구조를 재편하는 것을 넘어 우리가 살아가는 방식, 일자리의 형태, 교육의 본질, 나아가 자녀를 키우는 방식까지 송두리째 변화시키고 있습니다.

많은 사람들이 이 거대한 변화 앞에서 불안을 느끼고 있습니다. 내 직업은 AI 시대에도 계속 존재할 것인가? 우리 아이는 어떤 미래에서 살아가야 하는가? AI 시대를 살아가는 데 반드시 필요한 역량은 무엇인가?

이 책은 바로 이러한 질문에 대한 명확하고 실질적인 해답을 제공하기 위해 집필되었습니다.

"자신을 아는 것이 모든 지혜의 시작이다."

이 책은 총 6개 PARTS로 구성되어 있습니다.

PART 1에서는 4차 산업혁명의 흐름을 역사적 맥락에서 살펴보고, 그 본질과 사회 전반에 걸친 근본적인 변화를 이해하도록 돕습니다. 기술 발전의 본질을 파악하고 미래를 예측하는 혜안을 제공하여, 4차 산업혁명을 긍정적으로 자신감 있게 바라볼 수 있는 통찰력을 제시합니다. 여기에서는 기술적, 경제적, 사회적 변화와 함께 인간관계, 문화, 교육, 법과 제도, 국제질서에까지 미치는 영향을 살펴봅니다. 부모님께서는 단순한 기술적 변화가 아니라, 아이의 삶 전체를 바꿀 거대한 물결로 이해하셔야 합니다.

PART 2에서는 인공지능 시대가 요구하는 미래 인재상에 대한 분석과 전망을 담고 있습니다. 더 이상 스펙이나 학벌이 아닌 창의적 문제해결 능력과 협업 능력을 갖춘 인재가 각광받는 이유를 설명하며, 미래의 기업과 인재의 관계가 어떻게 변화하는지 구체적으로 안내합니다. 평생학습 시대에서 끊임없이 배우고 스스로를 재교육할 수 있는 아이만이 미래 사회의 주인공이 될 수 있습니다. 따라서 부모님께서는 자녀에게 단순한 지식뿐 아니라, 스스로 배우고 성장하는 힘을 길러 주셔야 합니다.

PART 3에서는 교육의 본질과 방향성을 새롭게 조망합니다. 인공지능 시대에는 지식을 단순히 주입하는 것이 아니라 창의성과 문제 해결력을 중심으로 한 융합교육이 왜 필수적인지를 강조하며, 세계적으로 주목받는 새로운 교육 모델과 사례를 구체적으로 소개합니다. 평생학습 시대에 필요한 것은 단순한 성적 관리가 아니라 공부 그릇을 키우는 교육입니다. 부모님께서는 자녀가 감성을 느끼고 창의적으로 사고하며, 평생 배우는 태도를 갖출 수 있도록 교육 환경을 만들어 주서야 합니다.

PART 4에서는 부모의 역할이 어떻게 달라져야 하는지를 중점적으로 다룹니다. 자녀의 역량 개발에 부모의 선견지명 그리고 인식과 태도가 얼마나 중요한지 설명하며, 부모가 먼저 변화하고 성장해야 자녀도 미래의 인재로 성장할 수 있음을 강조합니다. 특히 조기 재능교육과 맞춤형 지도가 자녀의 잠재력을 깨우는 가장 확실한 방법임을 강조합니다. 아이의 성적을 관리하는 부모가 아니라, 코치형 부모, 성장을 지원하는 부모가 되어 주서야 합니다.

PART 5는 AI 시대에 필요한 역량, '문제해결 능력'과 '메타인지'에 초점을 맞춥니다. 도전정신이 세상을 바꾸는 시대, 기존의 정답 중심 사고에서 벗어나 창의적이고 독창적인 사고력을 어떻게 기를 수 있는지 자기 주도적 학습 능력을 기르는 방법과 실천 전략을 구체적으로 안내합니다. 부모님들께서는 자녀가 사고의 근육을 단련할 수 있도록 다양한 학습 경험과 독서 습관을 지도해 주서야 합니다.

마지막 PART 6에서는 자신의 적성을 제대로 파악하고 이를 기반으로 인생을 설계하는 것이 얼마나 중요한지 설명합니다. 심리학적 접근을 바탕으로 개인이 가진 고유한 잠재력과 적성을 탐색하고, 적성 검사의 중요성과 활용법을 안내합니다. 성격은 삶의 나침반이며, 적성은 성공을 여는 열쇠입니다. 조기 적성검사는 자녀가 불필요한 시행착오를 줄이고, 자신의 강점을 일찍 발견하여 올바른 진로를 개척하도록 돕는 가장 확실한 투자입니다. 부모님께서는 자녀를 획일적인 경쟁에 내모는 대신, 타고난 가능성과 특별함을 존중하고 적성에 맞는 길을 지원하는 역할을 하셔야 합니다.

이 책은 단순히 미래를 예측하려는 것이 아닙니다. 변화의 흐름 속에서 우리가 어떤 질문을 던지고, 어떤 준비를 해야 할지 함께 고민하고자 합니다. 인공지능 시대에 결국 가장 중요한 것은 기술 자체가 아니라 바로 '사람'입니다. '생각하는 힘', '문제해결 능력', 그리고 '자신의 적성을 이해하고 발전시키는 지혜'가 핵심입니다.

미래는 정해진 길이 아니라 우리가 만들어가는 길입니다. 불확실한 시대일수록 자기 자신을 정확히 알고, 내가 가장 잘할 수 있는 것을 찾아 집중하는 것이 중요합니다.

이 책이 여러분과 여러분의 자녀가 인공지능 시대를 현명하고 준비된 자세로 맞이하는 데 작은 전환점이 되기를 바랍니다. 독자 여러분의 자녀들이 이 새로운 시대의 주인공으로 나아갈 수 있도록 이 책이 든든한 안내서이자 신뢰할 수 있는 나침반이 되기를 진심으로 기원합니다.

김영락

차례

PART 1 ─────────────────────────────

새로운 패러다임의 물결이 밀려온다

PART 2

준비하는 인재가 미래의 주인공이다

PART 4 ─────────────────────

새로운 시대, 달라진 부모의 역할을 요구한다

PART 5 ─────────────────────

융합형 인재, '문제해결 능력'이 핵심이다

PART 6

자녀의 진로 선택은 적성에서 시작한다

새로운 패러다임의
물결이 밀려온다

"변화는 삶의 법칙이다.
과거와 현재만을 바라보는 사람은
미래를 놓칠 것이다."

_존 F. 케네디

—

Chapter 1

산업혁명은
어떻게 탄생하는가?

"혁신이란 모두가 본 것을 보고,

아무도 생각하지 못한 것을 생각하는 것이다."

_알베르트 센트죄르지 박사

산업혁명의 탄생은 단순한 기술 발전이 아니라, 역사적·경제적·사회적 요인들이 유기적으로 상호작용한 결과로 이해할 수 있다. 산업혁명은 오랜 시간 축적된 조건들이 임계점을 넘어 급격한 변화를 일으키는 문명 전환의 과정이었다. 그중에서도 기술 혁신은 산업혁명을 촉발한 핵심 동력이었다. 예를 들어, 1차 산업혁명에서 제임스 와트가 개량한 증기기관은 에너지 활용 방식을 바꾸고, 제조업과 운송, 농업 등 사회 전반의 생산성을 크게 높였으며, 이러한 기술적 전환은 이후의 산업혁명에서도 반복되며, 산업사회의 본질을 규정하는 중요한 원리가 되었다.

1. 산업혁명의 탄생

"새로운 기술 혁신은
기존의 생산 방식과 사회 시스템을 근본적으로 변화시킨다."

산업혁명은 단순히 새로운 기술이 등장하는 사건이 아니라, 그 기술이 인간의 삶과 사회 질서를 근본적으로 바꾸는 과정이다. 역사적으로 새로운 핵심 기술이 나타나면, 그것은 이전의 생산 방식과 생활 구조를 바꾸고, 새로운 산업과 일자리를 만들어내며, 사회 전체가 적응해야 하는 큰 변화를 일으킨다. 이를 설명하는 원리가 바로 '기술적 전환의 원리 (Principle of Technological Disruption)'이다.

'기술적 전환의 원리'에 따르면, 새로운 기술은 단순한 발명이 아니라 기존 시스템을 흔들고 다시 재편하는 힘을 가진다. 예를 들어 18세기 증기기관의 발명은 인간과 동물의 힘에 의존하던 사회를 기계 중심의 사회로 바꾸어 1차 산업혁명을 이끌었다. 이어서 전기의 발명과 대량생산 체계가 2차 산업혁명을, 컴퓨터와 인터넷이 3차 산업혁명을 일으켰다. 그리고 오늘날 인공지능(AI), 빅데이터, 로봇, 사물인터넷(IoT)의 등장은 4차 산업혁명의 시대를 열고 있다.

산업혁명의 공통된 특징은 '새로운 기술이 기존의 생활 방식을 무너뜨리고, 사람들이 기술에 맞추어 다시 생활을 조직하게 된다.'는 점이다. 아이들이 배우는 방식, 직장인들이 일하는 방식, 우리가 사고파는 경제시스템, 그리고 인간이 살아가는 가치관까지 모두 영향을 받게 된다. 따라서 산업혁명이란 단순히 기계나 발명품 몇 개가 새로 나오는 사건이 아니라, 기술이 사회의 시스템과 인간의 생각마저 변화시키는 문명적 전환이라고 볼 수 있다.

이러한 변화는 부모의 입장에서 바라보면 매우 중요한 의미를 가진다. 아이들이 살아갈 미래는 지금과는 완전히 다른 세상이 될 것이며, 새로운 핵심 기술이 나올 때마다 사회의 모든 질서는 바뀌게 될 것이다. 그렇기 때문에 부모가 자녀 교육에서 강조해야 할 점은 단순히 현재의 기술을 익히는 것이 아니라, 어떤 변화가 오더라도 적응하고 새로운 기술과 함께 성장할 수 있는 힘, 즉 창의적 문제해결 능력, 자기주도 학습력, 그리고 사람들과 협력하는 능력이 필요한 것이다. 결국 산업혁명의 본질은 단순히 기술만의 변화가 아니라, 그 변화 속에 살아가는 인간의 적응과 성장에 있는 것이다.

정리하면 산업혁명의 탄생은 '새로운 기술의 출현' → '기존 사회 질서의 흔들림' → '새로운 사회 시스템으로의 재편'이라는 흐름으로 설명할 수 있으며, 학부모도 "왜 내 아이가 단순 지식이나 기술보다 문제 해결력과 적응력을 길러야 하는지"를 어렵지 않게 공감할 수 있을 것이다.

2. 기술적 전환의 원리

산업혁명을 가능하게 한 가장 중요한 힘은 바로 '기술적 전환의 원리'이다. 이 원리는 산업혁명과 문명 발전을 이끄는 가장 근본적이고 선행적인 원리이다. 이 원리는 단순히 새로운 기술이 등장하는 데 그치지 않고, 그 기술이 기존의 생산 방식, 사회 시스템, 경제 구조, 그리고 인간의 사고방식과 가치관까지 근본적으로 변화시키는 구조적 작용 메커니즘을 의미한다. 이러한 원리는 인류 문명의 흐름을 바꾼 모든 산업혁명에서 공통적으로 나타나는 법칙으로, 문명 발전의 핵심 동력으로 작용해 왔다.

첫째, 기술은 단순한 도구가 아니라 구조적 변화를 유발하는 문명 전환의 엔진이다.

산업혁명은 '기술적 전환'의 대표적인 사례이다. 기술은 단순한 도구가 아니라 사회, 경제, 정치, 문화 등 모든 영역에 영향을 미치는 '구조적 변화의 촉매'이다. 새로운 기술이 등장하면 기존 체계의 한계와 문제점을 극복하고, 새로운 가능성과 질서를 창출한다. 이 과정에서 생산 수단이 근본적으로 변화하고, 노동의 형태와 조직 구조가 달라지며, 인간의 삶의 방식과 사고방식, 사회의 가치관과 규범까지 변화하게 된다. 즉, 새로운 기술이 등장하여 기존의 방식을 대체하고, 이를 통해 사회 전체가 새로운 질서로 재편되는 과정이 바로 산업혁명이다.

둘째, 사회 시스템은 기술 변화에 종속적으로 반응한다.

사회, 경제, 교육, 정치 등 모든 시스템은 기술 변화에 따라 후속적으로 조정된다. 제도와 규범은 새로운 기술이 사회에 정착한 이후에야 변화에 맞게 개편된다. 기술이 먼저 등장하여 기존 질서를 흔들고, 그에 맞추어 사회 각 분야가 적응하고 재편되는 구조이다. 이러한 점에서 기술적 전환이 없으면 산업혁명 자체가 일어날 수 없다. 산업혁명은 언제나 '새로운 기술의 출현과 융합'이 촉발점이 되며, 이는 단순한 발명이 아니라 기존 체계의 해체와 재구성이라는 문명적 수준의 변화이다.

셋째, 기술적 전환의 핵심은 기존 질서의 해체와 새로운 질서의 재창조이다.

기술적 전환의 핵심은 단순히 새로운 도구의 도입이 아니라, 기존 생산 방식과 사회 시스템의 근본적 해체와 새로운 질서 및 체계의 구축이라는 이중적 과정을 포함한다. 새로운 기술은 기존의 가치관, 조직, 경제 구조를 무너뜨리고, 그 위에 새로운 질서와 체계를 세운다. 이 과정에서 사회적 저항과 혼란이 발생할 수 있지만, 궁극적으로는 더 높은 생산성, 새로운 일자리, 혁신적 가치가 창출된다.

넷째, 혁신은 특정 산업만이 아니라 사회 전체를 변화시킨다.

기술적 전환의 원리는 혁신이 단순히 한 기업이나 산업에만 영향을 미치는 것이 아니라, 노동, 생산, 도시, 사회 구조 등 사회 전체를 변화시킨다는 점에 있다. 산업혁명 당시 농업과 수공업 중심의 사회가 공장과 도시 중심의 산업사회로 변화하였고, 이는 인구 이동, 도시화, 글로벌 경제의 탄생 등으로 이어졌다. 산업혁명의 탄생 원리와 기술적 전환의 핵심 개념은 '혁신이 기존 질서를 무너뜨리고 새로운 질서를 만든다.'는 점에서 일치한다.

다섯째, 4차 산업혁명에서도 기술적 전환의 원리가 작용한다.

오늘날 4차 산업혁명은 인공지능, 빅데이터, 사물인터넷, 로봇, 바이오 등 다양한 기술이 융합되어 초연결·초지능 사회를 만들어 가고 있다. 이 과정에서 기존 산업의 경계가 모호해지고, 새로운 융합 산업과 플랫폼 경제가 등장하고 있다. 노동의 개념, 교육 방식, 사회적 소통, 정치 구조 등 모든 분야에서 근본적 변화가 일어나고 있다. 기술은 효율성 제고를 넘어 인간의 삶과 사회 구조 자체를 다시 설계하는 혁신의 기초가 되고 있다.

이처럼 '기술적 전환의 원리'는 산업혁명의 가장 본질적이고 선행적인 원리이다. 기술이 등장하고 융합될 때, 그것은 단순한 발전을 넘어 기존 질서를 해체하고 새로운 질서를 창조하는 문명적 변환을 이끈다. 따라서 산업혁명은 언제나 기술적 전환에서 시작되며, 기술이 사회 전체를 다시 설계하는 역사적 과정임을 깊이 이해하는 것이 중요하다.

3. 산업혁명을 대하는 부모의 자세

기술 혁신은 산업혁명을 촉발하는 핵심적인 동력이다. 인류 문명사는 기술 발전이 사회 구조와 인간의 생활 방식을 근본적으로 바꾸어 온 흐름으로 채워져 있다. 1차 산업혁명부터 오늘날 4차 산업혁명에 이르기까지, 모든 산업혁명의 출발점은 언제나 새로운 기술의 등장과 확산이었다.

첫째, 산업혁명은 단순한 기술의 열거가 아니라, 기존 사회의 구조와 질서를 근본적으로 재편하는 과정이다. 새로운 기술은 생산 방식을 변화시키고, 경제와 정치 구조를 바꾸며, 동시에 인간의 사고와 가치관까지 새롭게 만든다.

둘째, 기술 진보는 풍요와 편리함을 가져다주었으나, 그와 함께 빈부 격차, 환경 위기, 인간 소외와 같은 새로운 문제도 탄생시켰다. 따라서 산업혁명의 역사는 언제나 기회와 위기가 동시에 존재하는 양면적 현실이었다.

셋째, 오늘날의 4차 산업혁명은 디지털 전환, 인공지능의 확산, 노동의 변화, 사회적 불평등의 재구조화 등 다양한 변화를 가져오고 있다. 이는 단순히 새로운 기술을 사용하는 문제가 아니라, 인간 사회 전체가 어떤 방향으로 나아갈 것인지에 관한 문명사의 선택이라 할 수 있다.

학부모 입장에서 산업혁명은 단순한 역사적 사건이 아니라 현재 진행 중인 변화로 바라보아야 한다. 새로운 기술이 등장하면 사회가 바뀌고, 그 속에서 자녀가 살아갈 미래도 달라진다. 과거 부모 세대가 경험하지 못한 일자리가 생겨나고, 동시에 지금 존재하는 직업 중 상당수는 사라질 수 있다. 따라서 부모는 "내 아이가 어떻게 하면 이 변화 속에서 자기 능력을 발휘하며 존중받을 수 있을까?"라는 질문을 늘 마음에 두어야 한다.

산업혁명은 언제나 기술의 힘으로 시작되지만, 그 결과는 항상 인간의 선택에 따라 달라진다. 이제 부모의 역할은 자녀가 단순히 변화에 끌려가는 존재가 아니라, 시대의 변화를 바르게 이해하고 스스로 미래를 설계할 수 있는 주체로 성장하도록 돕는 것이다.

따라서 부모는 기술 발전이 열어 주는 새로운 기회를 열린 마음으로 받아들이되, 그 속에서도 자녀에게 가장 중요한 것은 기술이 인간의 존엄성과 가치를 지키며 살아가야 함을 잊지 않게 하는 것이다. 이것이 바로 산업혁명의 시대를 지혜롭게 준비하는 부모의 자세이다.

Chapter 2

인류의 문명을 바꾼
네 번의 기술 혁명

"변화의 바람이 불 때, 어떤 사람은 벽을 쌓고

어떤 사람은 풍차를 세운다."

산업혁명은 인류 문명과 사회를 변화시키는 핵심 동력으로, 단순한 기술 발전을 넘어 사회제도의 재편, 노동과 교육의 변화, 문화와 예술의 양식 변화, 그리고 가치관과 세계관의 전환까지 이끌었다. 이러한 변화는 산업혁명이 인간 삶의 근간을 새롭게 정의하고, 새로운 문명 패러다임을 형성해 온 역사적 동력임을 보여 준다.

4차 산업혁명은 이전과는 비교할 수 없는 속도와 범위로 사회 전반을 변화시키고 있다. 이는 인간의 창의성, 감성지능, 융합적 사고 등 고유한 역량의 중요성을 더욱 부각시키고 있다. 산업혁명의 본질은 인간적 가치와 기술 혁신의 조화 속에서 미래에 대한 새로운 가능성을 제시하는 데 있다.

산업혁명의 본질을 이해하는 것은 현재의 변화와 미래의 흐름을 파악하는 데 중요한 사유의 토대가 되며, AI 시대에 요구되는 인간 중심의 인재역량 개발과 혁신적 교육의 필요성을 일깨운다.

1. 산업혁명의 역사 이야기

　오늘날 우리는 4차 산업혁명이라 불리는 새로운 문명의 전환기에 살고 있다. 인공지능, 사물인터넷, 빅데이터, 로봇공학 등 첨단기술이 인간의 능력과 경계를 뛰어넘으며 사회 전반에 혁명적인 변화를 이끌고 있다. 산업과 교육, 일과 삶의 방식, 인간관과 윤리의식에 이르기까지 산업혁명이 가져온 변화의 흐름을 이해하는 것은 미래 사회에서 요구되는 새로운 역량들을 키우는 데 필수적이다. 따라서 1차에서 3차 산업혁명까지의 변화 과정을 올바르게 이해하는 것은 급변하는 4차 산업혁명 시대를 정확히 파악하고, 자녀들에게 필요한 역량과 준비 전략을 세우는 데 중요한 기초가 된다.

1) 1차 산업혁명 이야기(18세기 후반~19세기 초)

기계의 탄생이 바꾼 세상 / 합리성과 근대적 인간관의 출현

　1차 산업혁명은 18세기 후반 영국에서 시작해 전 세계로 확산된 중요한 역사적 변화이다. 이 시기에는 증기기관과 방적기기 같은 새로운 기계가 도입되면서 생산 방식이 크게 달라졌다. 기계의 힘을 이용한 기계화 생산이 본격화되었고, 이를 바탕으로 제조업이 빠르게 발달하며 대량생산 체제가 자리 잡았다. 이런 변화는 사회 구조에도 큰 영향을 미쳐, 기존의 농업중심 사회에서 산업중심 사회로 바뀌게 되었다.

산업혁명 시기의 인재상은 이전과 달랐다. 공장과 기계가 중심이 된 산업 현장에서는 기계를 조작하고 유지 보수할 수 있는 기능공이 필요하였다. 단순 반복 작업에 숙련된 노동자가 중요하게 여겨졌고, 신체적으로 강인하고 노동력이 뛰어난 사람이 중시되었다.

이런 변화의 배경에는 계몽주의와 과학 혁명이 있었다. 이 시기 사람들은 인간의 이성과 합리성, 그리고 진보에 대한 믿음을 갖게 되었고, 이는 기술과 산업의 발전을 이끌었다. 농촌 중심의 전통 공동체는 점차 해체되고, 많은 인구가 도시로 이동하면서 급격한 도시화가 진행되었다. 그 결과 노동자 계층이 새롭게 등장했고, 빈부격차 심화 같은 사회문제도 나타났다.

교육 제도에도 변화가 있었다. 산업 발전에 필요한 인재를 키우기 위해 문해력 향상과 기술 인력 양성을 위한 기초 공교육 제도가 만들어지기 시작했다. 산업을 뒷받침할 수 있는 기술학교도 등장했다. 하지만 이 시기의 교육은 주로 엘리트를 위한 것이었고, 보편적인 교육은 아직 충분히 확대되지 못했다.

철학적으로도 중요한 논의가 있었다. 이 시기에는 인간을 자연과 구분되는 이성적 존재로 보는 근대적 인간관이 퍼졌다. 프랜시스 베이컨은 "지식이 힘이다."라고 주장하며, 당시 기술과 과학의 발전을 정당화하였다. 한편, 마르크스는 산업혁명 시기 노동자의 소외와 자본주의 체제의 문제점을 비판했고, 이런 비판은 이후 사회사상에 큰 영향을 미쳤다. 이러한 변화는 인간이 자연에 순응하던 존재에서 기계를 통해 자연을 통제하는 존재로 변화하는 계기가 되었다.

2) 2차 산업혁명 이야기(19세기 후반~20세기 초)

전기화와 대량생산의 시대 / 규율과 표준화, 근대적 교육의 확립기

2차 산업혁명은 전기에너지의 활용과 함께 조명과 동력의 혁신이 이루어진 시기이다. 이 시기에는 도시화가 본격적으로 진행되었고, 대량생산 체계의 확산으로 소비사회가 시작되었다. 대기업이 등장하고 자본주의 경제 체제가 확립되면서 산업 구조와 사회 전반에 큰 변화가 일어났다.

이러한 변화 속에서 공장 생산 공정에 최적화된 기술 인력이 필요하게 되었고, 조직적으로 업무를 수행할 수 있는 효율적이고 규율 있는 근로자가 요구되었다. 또한 표준화된 생산체계에 적응할 수 있는 숙련노동자가 중요한 인재상으로 자리 잡았다.

사회·문화적으로는 대량생산 체계가 확산되면서 효율과 규율, 표준화된 사회 시스템이 강조되었다. 국가 중심의 행정조직과 대기업 중심의 산업구조가 등장하였고, 국민국가 개념이 강화되었다. 이와 함께 노동운동, 여성참정권 운동 등 근대 시민사회의 다양한 움직임도 활발해졌다.

교육 제도 역시 큰 변화를 겪었다. 국가 주도의 보편적 공교육 체계가 수립되었고, 공장식 교육 모델이 확산되면서 표준화된 인간을 만드는 교육이 강조되었다. 문해력, 수리력, 시민의식을 중심으로 한 근대 교육의 기초가 이 시기에 정립되었다.

철학적으로는 존 듀이가 산업화된 교육을 비판하며 경험중심의 실용주의 교육철학을 제시하였다. 교육을 통해 민주 시민을 양성해야 한다는 사회적 교육관이 대두되었고, 인간을 단순한 노동력이 아닌 가능성을 지닌 존재로 바라보는 인식이 새롭게 등장하였다.

3) 3차 산업혁명 이야기(20세기 중반~후반)

컴퓨터와 인터넷, 디지털의 혁명 / 정보화 사회와 지식기반 교육의 부상

3차 산업혁명은 컴퓨터의 발명과 정보통신기술(ICT)의 급속한 발전을 바탕으로 시작되었다. 이 시기에는 디지털 혁명이 일어나 자동화와 정보화 사회가 본격적으로 전개되었으며, 인터넷의 등장으로 전 세계가 하나로 연결되면서 글로벌화가 빠르게 진행되었다. 이러한 변화는 지식 기반 사회의 도래와 함께 서비스 산업 중심의 경제 구조로의 전환을 의미하게 되었다.

이러한 변화 속에서 기계가 단순 반복 작업을 수행하던 시대를 지나, 이제는 정보를 처리하고 계산하는 역할까지 하게 되었다. 이에 따라 인간은 물리적인 노동을 넘어서 지식과 정보를 다루는 존재로 변화하였다. 산업의 중심도 공장에서 컴퓨터로 이동하였으며, 정보가 경제의 핵심 자산으로 자리 잡았다. 그리고 글로벌 감각과 협력적 커뮤니케이션 능력이 중요한 자질로 부각되었다.

사회·문화적으로는 냉전 시대 이후 글로벌화와 네트워크화가 가속화되면서 세계가 하나로 연결되는 현상이 두드러졌다. 지식이 가장 중요한 자원이 되어 정보가 곧 권력이 되는 사회로 변화하였고, 개인화와 다양성이 강조되면서 표준화된 시스템에 대한 반발도 커졌다.

교육 제도 역시 큰 변화를 겪었다. 컴퓨터와 인터넷의 보급을 바탕으로 정보 활용 능력을 중심으로 한 교육이 강화되었고, 창의성, 문제해결 능력, 협업 능력 등이 강조되면서 교과 통합적 접근이 시도되었다. 또한 평생학습의 개념이 등장하여 성인 교육과 온라인 교육이 확산되었다.

철학적으로는 포스트모더니즘의 영향으로 다양한 시각과 상대성을 중시하는 경향이 확산되었다. 자율성과 개별화에 대한 교육적 요구가 증가하면서 기존 교육 시스템에 대한 비판이 심화되었고, 인간은 지식을 재구성하고 창조하는 존재로 새롭게 정의되었다.

2. 4차 산업혁명의 이해

초지능과 초연결의 문명 전환기 / 인간과 기계의 경계가 무너지는 시대

4차 산업혁명은 단순히 새로운 기계가 등장하는 시대가 아니라 인간과 기술이 전례 없이 가깝게 연결되고, 인공지능과 사물인터넷, 빅데이터, 로봇, 생명공학 같은 첨단 기술이 서로 융합하면서 사회 전체가 바뀌는 큰 변화를 의미한다.

2016년 세계경제포럼(WEF)에서 처음 제시된 이 용어는 인공지능이 인간의 지능을 모방하고 때로는 능가하면서 생겨나는 초지능, 모든 사물과 사람이 연결되는 초연결, 그리고 산업과 산업이 구분 없이 합쳐지는 융합을 핵심 특징으로 한다. 예를 들어 우리 집 냉장고가 자동으로 음식을 주문하고, 자동차가 스스로 길을 찾아 움직이며, 병원에서 인공지능이 개인의 유전자를 분석해 맞춤형 치료를 해 주는 모습은 더 이상 공상 속 이야기가 아니다.

이처럼 기술 발전이 빠르게 이루어지면서 우리가 당연히 여겼던 사회 구조와 직업 세계도 크게 바뀌고 있다. 정규직과 비정규직, 직장과 프리랜서의 경계가 흐려지고, 집과 학교, 일터의 구분도 점점 무의미해지고 있다. 동시에 세계는 더 촘촘히 연결되면서 여러 문화와 가치가 섞이고 협업이 일상이 되고 있으며, 사람들은 이전보다 더 자주 "인간이란 무엇인 가?", "우리는 어떤 가치를 지켜야 하는가?"라는 근본적인 질문을 마주하게 된다. 이 때문에 윤리적 판단력, 사회적 책임, 인간다운 감정과 공감 능력이 오히려 기술이 발전할수록 더 중요한 덕목으로 떠오르고 있다.

교육도 마찬가지로 커다란 변화를 겪고 있다. 예전처럼 지식을 많이 아는 것만으로는 충분하지 않으며, 아이가 스스로 배우고 문제를 해결할 줄 아는 역량이 필요하다. 인공지능은 학습자의 수준과 특성에 맞춰 맞춤형 학습을 제공하고, 온라인과 오프라인을 합친 블렌디드 러닝, 메타버스를 활용한 몰입형 학습, 실제 과제를 통해 배우는 프로젝트 기반 학습이 점차 일상화되고 있다. 즉, 단순히 시험을 잘 치르는 아이가 아니라, 변화를 두려워하지 않고 새로운 문제를 창의적으로 해결하며 다른 사람과 협력할 수 있는 아이가 미래 사회에서 더 큰 경쟁력을 가진다.

결국 4차 산업혁명은 기술의 혁신 자체보다, 그로 인해 우리 삶과 아이들의 미래가 어떻게 달라지는가에 초점이 있다. 부모의 입장에서 중요한 것은 '앞으로 어떤 지식을 배우느냐.'보다 '어떻게 배우고 어떤 태도로 살아가느냐.'이다. 기술은 끊임없이 발전하지만 변하지 않는 것은 인간만이 지닌 감정, 공감, 윤리, 존엄과 같은 가치이며, 이것이야말로 4차 산업혁명 시대에 아이들이 가장 지켜야 할 자산이다.

3. 산업혁명이 미치는 변화와 영향

생산성의 폭발 → 경제성장과 일자리의 재정의, 사회구조의 대격변
→ 도시는 팽창하고, 삶의 방식이 모두 재조명된다.

'산업혁명'을 활용하는 자가 미래의 승자가 된다!

산업혁명은 1차에서 4차에 이르기까지 인류 문명의 전 분야에 걸쳐 심대한 변화를 가져온 역사적 사건이다. 각 산업혁명은 기술의 진보를 매개로 정치, 경제, 사회, 문화 전반에 영향을 미쳤으며, 물질적 풍요와 혁신을 이루는 동시에 새로운 구조적 문제도 함께 야기하였다. 특히 4차 산업혁명은 속도, 범위, 복잡성 면에서 이전과는 차원이 다른 변화를 보여 주고 있다.

1) 경제 구조의 변화

생산 방식의 전환

산업혁명은 수공업 중심의 소규모 생산에서 기계화된 대량생산 체제로의 전환을 이끌었다. 공장제 시스템은 여러 노동자를 한 공간에 모아 기계로 제품을 생산하는 체계로, 생산성이 크게 증가하였다. 이로 인해 자본이 공장 설비와 기계에 집중되었고, 효율성과 규모의 경제가 중시되는 경제 질서가 확립되었다. 4차 산업혁명에서는 스마트 팩토리, 인공지능 기반 생산예측, 로봇 자동화 등으로 이러한 생산방식의 변화가 더욱 고도화되었으며, 이러한 변화는 생산의 유연성, 맞춤형 생산, 고부가가치 창출 등 새로운 경쟁력을 만들어 내고 있다.

자본주의의 정착과 진화

산업혁명 이후, 자본과 생산수단을 소유한 계층이 등장하면서 자본주의 경제 체제가 본격적으로 확립되었다. 생산수단을 소유한 자본가와 임금을 받는 노동자 계층이 분화되었고, 이윤 추구와 경쟁이 경제 활동의 핵심 원리가 되었다. 이후 자본주의는 플랫폼 자본주의, 데이터 자본주의로 진화하였으며, 이 과정에서 플랫폼이 데이터, 네트워크 효과, 알고리즘을 통해 막대한 경제적 권력을 행사하게 되었다. 또한 데이터가 새로운 자산이자 경쟁력의 원천으로 자산의 개념도 물리적 자본에서 정보와 알고리즘 중심으로 변화하고 있다.

신흥 산업의 탄생과 재편

전통적으로 산업 구조는 섬유, 철강, 석탄과 같은 기초 산업을 중심으로 발전해 왔다. 그러나 기술 혁신과 글로벌 경쟁의 심화, 환경 문제의 대두 등 다양한 요인으로 인해 산업 구조는 전기, 전자, 정보통신, 바이오, 인공지능 등 첨단산업을 중심으로 빠르게 재편되고 있다. 결국, 4차 산업혁명 시대의 산업 구조는 첨단 기술을 중심으로 재편되며, 산업 간 융합과 경계의 해체가 가속화되고 있다. 이는 국가와 기업이 미래 경쟁력을 확보하기 위해 끊임없이 혁신하고, 새로운 성장 동력을 모색해야 함을 의미한다.

2) 사회 구조의 변화

도시화와 메가시티의 등장

산업혁명 이후 일자리를 찾아 농촌에서 도시로의 대규모 인구 이동으로 도시 인구가 급증하였다. 이는 도시 중심의 산업 구조와 경제 성장을 촉진하는 핵심 동력이 되었다. 20세기 후반부터는 인구 1,000만 명이 넘는 메가시티가 세계 각지에 등장했으며, 최근에는 첨단 정보통신기술(ICT)을 활용한 스마트시티가 확산되며, 도시 관리와 시민 생활의 효율성이 크게 향상되고 있다. 교통, 에너지, 치안, 환경 등 다양한 분야에서 데이터 기반의 혁신이 이루어지고 있다.

계급 구조의 변형과 디지털 양극화

산업화 이후 자본가와 노동자로 대표되는 계급 구조가 사회 전반에 고착되었고, 이로 인한 소득·자산 격차의 불평등이 심화되었다. 4차 산업혁명 시대에는 인터넷, 스마트 기기, IT 활용 능력의 차이로 인해 정보 접근성의 차이에서 발생하는 디지털 격차와 데이터와 기술을 소유·활용하는 집단이 사회적·경제적 우위를 점하게 되면서, 새로운 '정보 계급'이 형성되고 있다. 교육, 소득, 지역 등에 따라 첨단 기술이나 디지털 서비스 이용 기회가 달라지며, 다양한 영역에서 계층 간 새로운 사회적 불평등으로 부상하고 있다.

노동 환경의 변화

산업혁명 초기에는 장시간 노동, 저임금, 열악한 작업 환경 등이 사회 문제였으며, 노동자 권익 보호와 노동 조건 개선을 위한 사회적·정책적 노력이 이어졌다. 현재는 디지털 플랫폼을 통해 일하는 노동자가 증가하는 추세이고 이들은 전통적 고용관계 바깥에서 일하며, 고용 안정성, 복지, 노동권 보호가 취약한 경우가 많다. 프리랜서, 계약직, 임시직 등 고용 형태가 다양해지면서, 정규직 중심의 안정적 일자리가 줄어들고 있다. 인공지능과 알고리즘이 업무 배분, 평가, 감시에 활용되면서 노동자의 자율성이 제한되는 현상이 나타나고 있다.

3) 정치 및 법 제도의 변화

노동 계층의 정치 참여 확대

산업혁명 이후 노동자들은 열악한 근로환경과 사회적 불평등에 맞서 참정권 확대를 요구하였다. 19세기 말부터 각국에서 노동조합이 합법화되고, 노동자들은 임금·근로조건 개선을 위해 집단 교섭권을 확보하였다. 이는 집단적 행동을 통한 사회적 영향력 확대와 민주주의 발전으로 이어졌다. 최근에는 디지털 기술의 발전으로 온라인에서의 정치 참여(디지털 시민권)가 확대되고, 인공지능 및 자동화로 인한 일자리 변화에 대응해 새로운 법·제도(AI 윤리, 데이터 노동자 권리 등)가 논의되고 있다.

복지 제도의 형성과 재편

산업혁명은 도시로 인구가 집중되면서 주거, 빈곤, 교육 격차 등 사회문제가 심화되었다. 이에 따라 영국의 구빈법(Poor Laws) 개정 등 근대 복지국가의 기초가 마련되었다. 20세기 중반 이후 각국은 실업보험, 건강

보험, 연금 등 사회보장제도를 확대하여 국민의 기본적 삶을 보장하는 방향으로 복지국가를 발전시켰다. 최근에는 4차 산업혁명과 디지털 경제로 인한 일자리 불안정, 소득 불평등 심화에 대응해 기본 소득제, 디지털 기술을 접목한 사회보장 시스템 구축 등 디지털 기반 사회안전망을 위한 새로운 복지정책 논의가 이루어지고 있다.

4) 생활방식과 문화의 변화

시간 개념과 노동 리듬의 변화

공장제 도입 이후 시계와 시간표에 따라 엄격하게 관리되는 노동이 일상화되었다. 출퇴근 시간, 교대제, 표준화된 근무시간 개념이 정립되며, 시간의 효율적 사용이 중시되는 문화가 형성되었다. 정보통신기술의 발전과 4차 산업혁명은 전통적인 9-to-6 근무제를 넘어, 탄력적 근무제, 원격·재택근무, 디지털 노마드 등 시간과 장소의 제약을 줄인 새로운 노동 리듬을 확산시키고 있다. 이는 일과 삶의 균형(Work-Life Balance), 자기 주도적 시간 관리, 다양한 라이프 스타일의 등장을 촉진한다.

소비문화의 진화

산업혁명은 대량생산 체계를 확립해 상품 가격을 낮추고, 다양한 제품이 대중에게 보급되는 소비사회를 열었다. 백화점, 슈퍼마켓 등 대형 유통망의 등장과 함께 광고·마케팅 산업이 성장하며 대중문화가 확산되었다. 현재는 개인의 취향과 데이터 기반 분석이 결합되어, 맞춤형 소비, 구독경제, 인공지능 기반 큐레이션(AI-based curation) 등이 일상화되고 있다. 이는 소비자 주도적 선택, 경험 중심 소비, 지속가능성(친환경·윤리적 소비)에 대한 관심으로 이어진다.

과학기술 중심 세계관의 강화

산업혁명은 과학기술을 인류 진보의 핵심 동력으로 인식하게 하였고, 이후 교육, 의료, 교통, 환경 등 다양한 분야에서 기술 의존도가 비약적으로 높아졌다. 현대 사회에서는 인공지능, 빅데이터, 바이오테크 등 첨단 기술이 일상과 밀접하게 연결되어 있다. 기술 발전에 따른 개인정보 보호, 알고리즘의 공정성, 자동화에 따른 일자리 문제 등 윤리적 쟁점이 부각되고 있다. 이에 따라 인간의 존엄성과 사회적 가치, 감성 지능 및 창의성의 중요성을 재조명하는 움직임이 확산되고 있다.

5) 부정적 영향과 현대적 과제

빈부격차의 심화와 새로운 불평등

산업혁명 초기에는 자본가 계층이 생산수단을 독점하면서 노동자와의 임금 격차가 극대화되었다. 도시화와 대량생산 체제 속에서 노동자들은 열악한 환경과 저임금에 시달렸고, 사회적 이동성은 제한적이었다. 디지털 경제로의 전환 이후, 데이터와 플랫폼을 소유한 소수 기업이 막대한 부와 권력을 집중하게 되었으며, 알고리즘 편향, 자동화로 인한 일자리 감소, 플랫폼 노동의 불안정성 등 새로운 형태의 불평등이 등장하고 있다. 특히 디지털 격차는 정보 접근성, 기술 활용 능력, 교육 수준에 따라 사회 계층 간 격차를 더욱 심화시키고 있다.

환경 파괴와 지속 가능성의 위협

화석연료 사용 확대는 대기오염, 수질오염, 산림 파괴, 생태계 훼손 등 심각한 환경 문제를 초래했다. 산업화 이후 온실가스 배출 증가로 인한 기후변화가 전 지구적 위험으로 부상하였다. 4차 산업혁명 시대에는 탄소중립, 재생에너지, 친환경 기술 개발이 중요한 과제로 부상하고 있으며, 인공지능, 사물인터넷 등 첨단 기술을 활용한 에너지 효율화, 친환경 교통 시스템 등이 도입되고 있다. 한편, 데이터센터 운영 등 디지털 인프라 확대로 인한 에너지 과소비, 전자폐기물 증가 등 새로운 환경 부담도 커지고 있다.

인간 소외와 정체성의 위기

산업혁명 이후 반복적이고 기계적인 노동이 확산되면서 인간의 창의성과 자율성이 위축되었으며, 분업화, 표준화된 생산 과정은 노동자의 개별성을 약화시키고 소외감을 심화시켰다. 특히 인공지능과 로봇이 인간의 일자리뿐 아니라 감정, 의사결정 영역까지 대체하면서 인간의 역할과 존재 의미에 대한 근본적 질문이 제기되고 있으며, 인간 고유의 창의성, 공감 능력, 윤리적 판단력 등 비가시적 가치의 중요성이 재조명되고 있다. 현재는 인간 중심의 기술 개발, 감성 지능 교육, 사회적 연대 강화 등이 중요한 과제로 부상하고 있다.

Chapter 3

4차 산업혁명,
기회인가 위기인가?

"혁신이란 변화를 위협이 아니라

기회로 보는 능력이다."

4차 산업혁명은 단순한 기술적 변화가 아니라 인류 문명의 근본적 전환을 의미하는 중요한 시기이다. 이 변화는 기회와 위험을 동시에 내포하고 있으므로, 그 양면성을 균형 있게 인식하고 통찰력 있게 바라보는 시각이 필요하다.

기술을 선악으로 이분법적으로 규정하기보다는, 어떻게 활용하고 사회에 통합할 것인지에 대한 성찰이 중요하다. 이를 위해 사회적 합의, 철학적 성찰, 교육적 준비, 정책적 대응, 윤리적 기준의 정립이 핵심 과제로 부각된다.

4차 산업혁명에 대한 논의는 단순한 찬반을 넘어, 그 본질적 이중성을 깊이 인식하고 총체적이고 지혜로운 대응 방안을 모색하는 데 의의가 있다.

1. 4차 산업혁명의 긍정적인 측면

삶의 질 대폭 상승!

로봇·AI가 일상과 업무를 혁신하며 효율성과 자유 시간을 늘려 준다.

맞춤형 의료, 자율주행, 스마트시티 등 '생활 전반'이 상상 너머로 진화한다.

1) 생산성과 효율성의 비약적 향상

인공지능, 빅데이터, 사물인터넷, 블록체인, 생명공학, 로봇기술 등 다양한 첨단 기술이 융합되면서 생산성과 효율성은 과거와 비교할 수 없을 정도로 크게 향상되고 있다. 자동화 시스템과 AI 알고리즘의 도입으로 인해 복잡하고 반복적인 업무가 빠르고 정밀하게 처리되며, 이로 인해 기업과 조직은 시간과 비용을 대폭 절감할 수 있게 되었다. 또한, 데이터 기반의 의사결정과 실시간 모니터링이 가능해지면서 운영 과정이 최적화되고, 자원 낭비를 최소화할 수 있다.

2) 삶의 질 향상과 개인화

의료 분야에서는 정밀의학, 원격진료, AI 기반 진단 시스템이 도입되면서 질병의 조기 발견과 맞춤형 치료가 가능해졌다. 교육 분야에서도 AI

튜터와 데이터 기반 학습 분석이 도입되어, 학습자의 적성과 수준, 학습 패턴에 맞는 개인화된 교육이 실현되고 있으며, 교사는 데이터 분석을 통해 학생 개개인에게 필요한 지원을 제공할 수 있다. 이처럼 첨단 기술은 삶의 질을 전반적으로 향상시키고, 개인의 특성과 필요에 맞춘 서비스를 제공하는 데 큰 역할을 하고 있다.

3) 포용적 디지털 환경과 창의성 확장

4차 산업혁명은 지리적·물리적 한계를 뛰어넘어 누구나 디지털 환경에 쉽게 접근할 수 있는 기반을 마련하고 있다. 인터넷과 클라우드 기술의 발전으로 재택근무, 온라인 협업, 메타버스 회의 등 다양한 새로운 삶의 방식이 등장했다. 이러한 변화는 공간의 제약 없이 일하며 창조할 수 있는 기회를 제공할 뿐만 아니라, 다양한 배경과 능력을 가진 사람들이 동등하게 참여할 수 있는 포용적 환경을 조성한다. 이처럼 디지털 환경의 확장은 개인의 창의성과 역량을 극대화하고, 사회 전체의 혁신을 촉진하는 중요한 역할을 한다.

4) 초연결 사회의 실현

인간, 기계, 정보, 공간이 유기적으로 연결되는 초연결 사회가 빠르게 구축되고 있다. 사물인터넷과 5G, 클라우드 컴퓨팅 등 첨단 네트워크 기술의 발전으로 모든 것이 실시간으로 연결되고, 데이터가 자유롭게 흐르는 사회가 실현되고 있다. 이러한 초연결 사회에서는 스마트 시티, 자율주행차, 원격의료 등 다양한 혁신 서비스가 등장하며, 사회 시스템이 더욱 스마트하고 유연하게 변화한다. 이로 인해 인류는 더 나은 삶의 의미와 방향성을 모색할 수 있는 새로운 가능성을 얻게 되었다.

5) 기술과 인간의 상생

4차 산업혁명은 단순히 기술이 인간을 대체하는 시대가 아니라, 기술과 인간이 서로 협력하고 상생하며 공존하는 미래를 설계하는 데 중요한 출발점이 된다. 첨단 기술의 발전은 인간의 일자리를 위협하는 것이 아니라, 오히려 인간이 더 창의적이고 의미 있는 일에 집중할 수 있도록 환경을 조성한다. 인간은 감성, 창의력, 윤리적 판단 등 기계가 대체할 수 없는 고유한 능력을 가지고 있다. 이러한 인간의 강점과 기술의 계산력, 데이터 처리 능력이 결합될 때, 사회적 문제 해결과 지속 가능한 발전이라는 더 큰 목표를 이룰 수 있다.

2. 4차 산업혁명의 부정적인 측면

AI·로봇에 의한 일자리 감소, 기술 불평등 및
개인정보 침해, 사회적 갈등 등 새로운 도전과제의 속출

1) 노동시장의 재편과 일자리 위기

인공지능과 로봇 기술의 발전은 단순 반복 업무뿐만 아니라, 전문성의 직무 영역까지 빠르게 대체하고 있다. 이로 인해 대규모 일자리 소멸 현상이 현실화되고 있으며, 기존의 정규직 중심 고용 구조가 비정규직, 프리랜서 등 유연 고용 형태로 급격히 전환되고 있다. 이러한 변화는 직업 안정성의 붕괴로 이어져, 많은 노동자들이 미래에 대한 불안에 직면하게 만든다. 단기적으로는 실업률 증가와 고용 불안정이 확산되고, 장기적으로는 고숙련 노동자와 저숙련 노동자 간의 격차가 심화되어 계층 간 불평등이 더욱 고착화될 수 있다.

2) 개인정보 보호와 사생활 침해

4차 산업혁명 시대에는 데이터가 모든 사회 활동의 중심이 되면서, 개인의 일상적인 행위와 소비 패턴, 건강 정보, 사회적 관계와 행동까지 모두 디지털 데이터로 기록되고 분석된다. 이 과정에서 개인의 사생활이 침해될 위험이 커지고, 본인의 동의 없이 민감한 정보가 수집·활용될 수 있다. 실제로 대규모 개인정보 유출 사건이나, 인공지능 챗봇 개발 과정에서의 사적 대화 데이터 무단 사용 등 다양한 사례가 발생하고 있다. 이로 인해 인간의 자율성과 존엄성이 위협받고, 프라이버시 침해에 대한 사회적 불안이 증대되고 있다.

3) 디지털 권력의 집중과 사회적 다양성 훼손

4차 산업혁명은 거대 플랫폼 기업이나 특정 국가가 핵심 기술과 방대한 데이터를 독점할 수 있는 환경을 조성한다. 특히 플랫폼 대기업들은 자신들의 알고리즘과 데이터 처리 능력을 바탕으로 시장을 장악하고, 이용자들의 선택권을 제한하며, 사회 전반에 걸쳐 막대한 영향력을 행사할 수 있게 된다. 이러한 권력 집중은 민주적 질서의 약화와 사회적 다양성의 훼손으로 이어질 수 있다. 다양한 목소리와 소수 의견이 배제되고, 특정 집단이나 기업의 이익이 사회 전체의 이익보다 우선시되는 구조가 고착화될 위험이 있다.

4) 인간 소외와 윤리적 공백

기술 중심적 가치관이 사회 전반에 확산되면서, 인간 소외 현상과 정체성 혼란, 도덕·윤리 기준의 해체 등 심층적인 문제가 발생할 수 있다. 인공지능과 자동화 시스템이 인간의 의사결정과 판단을 대신하는 상황이

늘어나면서, 책임 소재가 불분명해지고 윤리적 판단의 공백이 드러난다. 예를 들어, 자율주행차의 사고에서 누가 책임을 져야 하는지 명확하지 않은 경우가 많다. 또한, 인간의 감정과 가치, 사회적 연대가 약화되고, 기술이 인간의 삶을 지배하는 구조가 고착화될 경우, 인간의 존엄성과 고유한 가치가 훼손될 수 있다.

5) 비판적 사고력과 인간적 가치의 약화

기술에 대한 과도한 의존은 인간의 비판적 사고력과 도덕적 판단 능력을 점차 약화시킬 수 있다. 인공지능과 자동화 시스템이 정보를 선별하고 결정을 내리는 과정에서, 인간은 점점 더 수동적으로 정보를 받아들이고, 스스로 사고하고 판단하는 능력을 잃어갈 위험이 있다. 교육 현장에서도 정답 중심, 표준화된 학습이 강화되면, 창의적 문제 해결력과 비판적 사고를 기르기 어려워진다. 결국, 사회 전반에 걸쳐 인간적 가치와 다양성이 약화되고, 기술이 인간의 삶을 지배하는 구조가 고착화될 수 있다.

3. 4차 산업혁명,
기술과 인간중심 가치의 조화가 필요하다

기술은 우리의 삶을 편리하게 하고, 가능성을 넓혀 주는 도구이다. 그러나 기술 발전이 곧바로 인간의 행복을 보장하지는 않는다. 오히려 기술이 인간의 삶과 공동체적 가치를 위협할 수도 있다. 따라서 새로운 시대에 필요한 것은 기술 중심적 사고가 아니라 '기술을 어떤 가치 위에 세울 것인가?'라는 질문이다.

산업혁명은 기술의 진보에 국한되지 않고, 사회구조, 경제시스템, 문화 양식 전반에 걸친 구조적 재편과 가치 체계의 전환을 요구한다. 우리가 추구해야 할 방향은 기술이 인간을 대체하는 것이 아니라, 인간의 존엄, 창의적 사고, 윤리적 책임과 같은 가치가 중심에 놓일 때 비로소 기술은 건강한 방향으로 발전할 수 있다.

지금 이 순간 필요한 것은 단순한 적응이 아니라, 깊이 있는 통찰과 공동의 비전, 그리고 이를 실현하기 위한 지속적인 사회적 실천이다. 이것이야말로 우리가 지향해야 할 시대적 책무이자, 다음 세대를 위한 문명적 약속이다.

변화의 물결 앞에 서있는 부모는 단순히 "자녀를 새로운 환경에 적응시키는 역할"을 넘어서 책임감을 가져야 한다. 부모는 기술과 인간의 균형이 어떻게 이루어져야 하는지에 대해 먼저 성찰하고, 자녀에게 바람직한 태도를 가르쳐야 한다.

첫째, 비판적 수용의 태도가 필요하다. 모든 신기술을 무조건 받아들이는 것이 아니라, 그 목적과 영향에 대해 따져 보고 옳은 방식으로 활용하는 안목을 길러야 한다.

둘째, 인간 중심의 가치 교육이 중요하다. AI가 아무리 똑똑해도 공감, 배려, 협력과 같은 인간 고유의 가치는 대체할 수 없다. 부모는 자녀가 이러한 가치를 삶 속에서 배울 수 있도록 이끌어 주어야 한다.

셋째, 창의성과 자기주도성을 키워야 한다. 기술이 반복적이고 단순한 일을 대신하게 될수록, 인간은 더욱 독창적이고 문제 해결적인 능력을 통해 자신만의 가치를 창출하여야 한다.

새로운 패러다임의 핵심은 '기술을 위한 인간'이 아니라 '인간을 위한 기술'이다. 부모 세대가 지향해야 할 것은 자녀가 기술을 단순히 도구로 활용하되, 그 배경에 놓인 가치와 의미를 이해하는 능력을 기르는 것이다. 이를 통하여 아이는 단순한 새로운 시대의 적응자가 아니라 미래 사회의 건강한 설계자로 성장할 수 있다.

4차 산업혁명 시대의 진정한 과제는 기술을 얼마나 빠르게 받아들이느냐가 아니라, 그것을 어떻게 인간적 가치와 연결시키느냐이다. 부모는 자녀 교육에서 이 균형을 의식적으로 실천해야 한다. 기술에 대한 이해와 활용 능력, 인간다운 가치와 책임 의식, 그리고 공동체적 연대감이 조화를 이루는 방향으로 교육이 이루어질 때, 우리는 비로소 새로운 문명적 전환을 성숙하게 맞이할 수 있다.

4차 산업혁명,
미래의 판을 바꾸다

"경쟁 우위를 만드는 방법은 오직 두 가지뿐이다.
남들보다 더 잘하거나, 다르게 하거나."
_마이클 포터

4차 산업혁명은 과거의 산업혁명들과는 본질적으로 다른 차원에서 전개되고 있으며, 인류의 미래를 근본적으로 변화시키는 중대한 문명사적 전환점이다. 이러한 변화는 인간 삶의 양식, 사회 제도와 운영 시스템, 윤리와 가치관, 지식의 생성과 전달 방식, 지구 환경과 국제 질서에 이르기까지 전 방위적으로 영향을 미치고 있다.

노동의 개념은 '일터'에서 '네트워크 기반 활동'으로 전환되고, 교육은 정형화된 교실을 벗어나 개인 맞춤형 학습 생태계로 재편되고 있다. 결국 4차 산업혁명은 물질적 생산성을 넘어서 인간의 존재 방식, 사회의 운영 원리, 그리고 인류가 앞으로 어떤 가치를 중심으로 문명을 발전시켜 나갈 것인가에 대한 근본적 질문을 던진다.

우리는 지금, 기술을 통한 진보가 아니라 기술과 인간이 조화를 이루며 미래를 설계하는 새로운 문명의 패러다임을 선택해야 하는 갈림길에 서 있는 것이다.

미래는, 인간 중심의 가치를 바탕으로
모든 혁신의 방향이 다시 설계되는 문명적 도전의 시대이다.

1) 기술적 변화

4차 산업혁명은 단일 기술의 발전이 아니라, 다양한 첨단 기술 간 융합을 통해 전례 없는 수준의 지능화된 사회를 형성하고 있다. 사물인터넷(IoT), 자율주행차, 스마트시티, 정밀의료 등은 이러한 변화를 대표하는 사례들이다. 이들 기술들은 단순한 도구를 넘어 인간의 인지와 판단 능력을 보완하거나 대체하며, 생활과 산업 전반에 걸쳐 자동화와 연결성을 확대하고 있다. 미래 사회는 가상과 현실이 실시간으로 동기화되는 데이터 기반의 예측과 통제, 디지털 복제 환경을 활용한 시뮬레이션 기반 사회로 변화할 것이다.

2) 경제적 변화

디지털 기술의 확산은 전통적인 생산 수단과 소비 방식 그리고 고정된 노동의 형태를 해체하고, 점차 데이터와 플랫폼 중심의 새로운 경제 질서를 형성하고 있다. 프리랜서, 크리에이터, 디지털 노마드 등 새로운 직업

군이 등장하며, 개인의 창의성과 디지털 역량이 경제적 경쟁력의 핵심 요소로 부상하고 있다. 그러나 노동 유연화와 플랫폼 종속으로 인한 고용 불안정, 소득과 자산의 경제적 양극화는 더욱 심화될 가능성이 높다. 따라서 디지털 경제 구조에 대응하기 위한 새로운 사회보장제도와 공정한 분배 시스템에 대한 논의가 필요하다.

3) 사회적 변화

디지털 기술은 행정과 공공 서비스 영역에서도 디지털 전환이 가속화되고 있다. AI 행정, 스마트 복지 시스템, 디지털 기반 공공서비스는 정책 집행의 효율성과 투명성을 높일 수 있으나, 고령층, 저소득층 등은 디지털 정보 접근과 활용에 배제되기 쉬우며, 이러한 디지털 격차(digital divide) 문제는 곧 사회적 불평등의 심화로 연결될 수 있다. 기술 중심의 행정 혁신이 모든 시민의 삶의 질 향상으로 이어지기 위해서는, 보다 섬세하고 차별화된 디지털 포용 정책과 인프라 지원이 병행되어야 한다.

4) 인간관계의 변화

디지털 기술은 인간관계의 시간과 공간의 방식을 확장시키지만, 동시에 정서적 거리감을 불러오기도 한다. 메타버스, 가상현실, AI 기반 챗봇 등은 새로운 상호작용의 편리함을 제공하지만, 정서적 단절, 인간적 접촉의 약화 등 인간 간의 깊은 공감과 정서적 유대 형성에는 한계가 있다. 특히 청소년층의 비대면 사회에서의 정체성 혼란 등의 문제는 사회적 연결

망의 약화로 이어질 수 있다. 기술 중심의 사회가 인간 중심의 정체성을 잃지 않도록 공감, 신뢰, 윤리를 회복하는 사회적 관계에 대한 철학적 성찰과 인간관계의 재설계가 필요하다.

5) 환경적 변화

4차 산업혁명의 기술은 에너지 효율성과 자원 활용의 최적화를 통해 지속 가능한 생태계 구축에도 기여할 수 있다. 스마트 농업, 친환경 에너지 관리 시스템, 탄소중립 기술 등은 환경 효율성과 자원 최적화를 가능하게 한다. 그러나 기술 자체가 환경에 미치는 이중적 영향도 무시할 수 없다. 예를 들어, 디지털 인프라 확산에 따른 에너지 소비 증가, 대규모 데이터 센터의 전력 소비와 이에 따른 탄소 배출, 전자 폐기물(E-waste) 등은 새로운 환경적 리스크로 부상하고 있다.

6) 문화적 변화

디지털 기술은 누구나 콘텐츠를 제작하고 세계와 공유할 수 있는 문화의 민주화가 실현되고 있지만, 이러한 긍정적인 변화 이면에는 우려할 만한 문제도 존재한다. 특히 AI 알고리즘 기반의 추천 시스템은 사용자 맞춤형 서비스를 제공하는 동시에, 사용자가 특정 성향의 콘텐츠에만 노출되도록 만들어 문화의 다양성을 훼손하는 결과를 초래할 수 있다. 문화의 획일화와 창의성의 위축을 막기 위해서는 디지털 플랫폼의 공공성과 책임성을 확보하고, 문화 표현의 자율성과 다양성을 보호하는 새로운 문화 윤리 체계의 확립이 필요하다.

7) 교육제도의 변화

이제 교육도 단순한 정보 전달을 넘어, 창의성, 문제 해결력, 협업 능력, 자기주도 학습 등 미래 지향적 역량을 키우는 과정으로 새롭게 정의되고 있다. AI 기반 개인화 교육, 온라인 학습 플랫폼, 메타버스 교실 등 디지털 기술을 활용한 교육은 교육의 형식과 내용, 학습의 시간과 공간을 유연하게 만들었지만, 동시에 학습 격차와 정보 불균형을 유발할 수 있는 요인도 존재한다. 따라서 학생 중심의 교육 철학, 교사의 디지털 역량 강화, 정서적 소통의 회복이 함께 이루어져야 하며, 인간성과 기술 활용 능력을 조화롭게 키우는 교육이 중요하다.

8) 정치적 변화

정치 영역에서도 데이터 기반 정책 결정, AI 행정 시스템, 온라인 플랫폼 등 디지털 기술들은 시민 참여의 확대와 정책 설계의 정교화를 가능하게 하지만, 동시에 여론 조작, 가짜뉴스 확산, 알고리즘 편향 등 기술 통제를 통한 정치적 악용 가능성도 내포한다. 특히 인공지능 기반의 정치 캠페인이나 정당 추천 시스템은 공정성과 투명성에 대한 심각한 의문을 불러일으킬 수 있다. 디지털 정치의 미래를 위해서는 기술 권력에 대한 견제, 시민의 감시 능력 향상, 그리고 알고리즘의 투명성과 공정성을 확보할수 있는 제도적 장치가 필요하다.

9) 국제적 변화

기술의 발전은 국가 간의 경계를 허물고 있으며, 글로벌 사회의 연결성과 상호의존성을 한층 강화시키고 있다. 디지털 기술은 무역과 금융, 산업은 물론 외교와 안보 영역까지 영향을 미치며, 세계 각국이 기술 중심으로 연결되는 새로운 국제 질서를 형성하고 있다. 특히 디지털 무역의 확대와 글로벌 데이터의 자유로운 이동은 데이터 주권과 관련된 새로운 갈등의 양상을 초래하고 있다. 기술이 새로운 국제 질서를 재편하는 지금, 국제사회의 지속 가능한 발전을 위해서는 포용적이고 투명한 글로벌 기술 규범의 정립이 무엇보다 중요하다.

10) 법·윤리적 변화

4차 산업혁명 시대에는 기존의 법과 윤리 체계로 다 설명할 수 없는 새로운 쟁점과 딜레마가 빠르게 등장하고 있다. 예를 들어, 데이터 프라이버시 침해, 자율주행차와 로봇의 윤리 기준 등은 기존의 법으로는 적절히 규율하기 어렵다. 이에 따라 사회는 기술의 발전 속도에 맞춘 유연하고 선제적인 입법, 그리고 다양한 이해관계자들이 참여하는 윤리 기준 마련이 필수적이다. 신기술의 사회적 수용성 및 국민 신뢰 확보를 위해서는 법·윤리 논의 확대와, 공공성·투명성을 중심으로 한 기술 윤리 가이드라인의 정착이 무엇보다도 중요하다.

산업혁명은 인간의 삶과 문명을 근본적으로 바꾸는 역사적 전환점이다. 18세기 후반 1차 산업혁명부터 현재 4차 산업혁명에 이르기까지, 각 시기는 중요한 기술 혁신과 함께 생산 방식, 노동 구조, 사회 조직, 생활양식 그리고 가치관까지 크게 변화시켰다. 특히 4차 산업혁명은 단순한 기술 진보를 넘어서 인간의 삶과 사회, 경제 질서 전체를 재편하는 문명사적 대전환기임을 이해하는 것이 매우 중요하다.

산업혁명의 본질은 기술 발전뿐 아니라 사회 제도, 노동과 교육, 문화와 예술, 그리고 인간 가치의 변화에 있다. 각 산업혁명은 시대가 요구하는 새로운 인재상과 사회적 역량을 창출하며 교육의 목표와 방법을 변화시켜 왔다. 4차 산업혁명 시대에는 인간의 창의성, 감성지능, 윤리적 판단력, 그리고 융합적 사고가 더욱 중요해졌다.

기술 혁신은 항상 산업혁명을 촉발시키는 핵심 동력이었으며, '기술적 전환의 원리'에 따라 기존 생산 방식과 사회 시스템을 근본적으로 변화시킨다. 새로운 기술은 단순한 도구가 아니라 사회 전반에 구조적 변화를 가져와 생산성 폭발과 경제 성장, 사회구조 및 생활양식의 변모를 이끈다. 4차 산업혁명에서는 인공지능, 빅데이터, 사물인터넷 등이 융합되어 초연결·초지능 사회를 만들며 산업과 사회, 노동, 교육 등 전 분야에 걸쳐 혁신과 재편이 가속화되고 있다.

이와 동시에 산업혁명은 빈부격차의 심화, 환경 파괴, 인간 소외와 같은 새로운 사회적 문제도 야기하였다. 4차 산업혁명 시대에는 디지털 양극화와 새로운 형태의 불평등, 개인정보 침해, 노동시장의 불안정, 윤리적 공백 등 다양한 부작용이 등장하고 있다. 따라서 기술 발전과 사회 변화가 인간 존엄과 공동체적 책임, 지속 가능성이라는 가치와 조화를 이루도록 하는 것이 절실하다.

4차 산업혁명은 기술이 인간을 대체하는 것이 아니라, 오히려 인간과 기술이 상생하며 서로의 강점을 보완하는 방향으로 나아가야 한다. 이를 위해 창의력, 비판적 사고, 협업 능력, 자기주도 학습 등 미래 지향적 역량을 키우는 교육 혁신과 사회 안전망 확충, 윤리적 기준 확립 등이 필요하다.

사회와 경제, 정치, 환경, 문화 등 모든 영역에서 디지털 혁신이 빠르게 진행되는 가운데, 우리는 기술 중심의 사고를 넘어서 인간 중심의 가치 체계를 확립하는 문명적 도전에 직면해 있다. 변화의 시대에 기회를 잡으려면 깊은 통찰과 사회적 합의, 지속 가능한 실천이 있어야 한다. 인류가 미래 사회를 설계할 때 '기술' 그 자체보다 '인간다움'을 중심에 놓는 것이 진정한 경쟁력이며, 4차 산업혁명을 통해 모두가 함께 성장하고 풍요로운 삶을 누리는 지속 가능한 미래가 가능할 것이다.

즉, 4차 산업혁명은 문명사적 전환기로서 기술과 인간, 물질과 정보, 현실과 가상이 융합하는 시대이다. 지금 필요한 것은 기술 혁신을 올바르게 이해하고, 인간의 존엄성과 윤리, 창의성과 공동체 책임을 바탕으로 미래 사회를 재설계하는 능동적이고 통합적인 노력이며, 이것이 진정한 미래를 위한 준비이다.

_미래인재적성연구소

PART 2

준비하는 인재가
미래의 주인공이다

"기술은 우리가 하는 일을 바꿀 수 있지만,

우리의 본질을 바꿀 수는 없다.

인간적인 감성은 언제나 중요할 것이다."

_팀 쿡

—

Chapter 1

미래 기업은 어떤 인재를 원하는가?

"기계는 답을 위해 존재하고,

인간은 질문을 위해 존재한다."

_케빈 켈리

4차 산업혁명은 기술의 발전을 넘어, 인간의 삶과 일의 본질을 새롭게 정의하고 있다. 이제 기업은 단순히 기술을 다룰 줄 아는 사람보다는, 변화하는 환경에서 계속 배우고 성장하며 혁신을 만들어낼 수 있는 인재를 원한다.

결국 인공지능 시대의 필요한 인재는 기술과 조화를 이루며 창의적 사고와 인간적 통찰로 지속적으로 발전할 수 있는 사람이다. 평생학습의 자세와 유연한 적응력, 그리고 인간만의 감성과 공감 능력을 가진 인재가 4차 산업혁명 시대를 이끌어갈 미래 인재상이다.

1. 미래 인재상의 변화

더 이상 '기계처럼 일하는 사람'이 아닌,

기술과 인간적 통찰, 창의적 사고와 감성까지 겸비한

인재가 단연 각광받는 시대!

1) 지식의 비대칭성 해소와 사고력 중심의 역량 전환

과거에는 얼마나 많은 지식을 알고 있는지가 경쟁력의 핵심이었다. 하지만 AI 기술의 발달로 인해 정보 접근성이 크게 향상되면서, 이제는 '지식 자체'보다 '지식을 어떻게 다루느냐.'가 더 중요해졌다. 생성형 AI를 통해 누구나 전문가 수준의 글쓰기, 코딩, 콘텐츠 제작이 가능해졌기 때문이다. 이러한 변화는 단순한 암기형 학습보다 비판적 사고, 정보 선별력, 문제 정의 능력, 논리적 구조화 능력 같은 고차원적 사고력을 핵심 역량으로 부각시키고 있다.

2) 자동화의 확대와 인간의 고유 역량 강조

AI와 로봇 기술은 반복적이고 정형화된 업무를 빠르고 정확하게 수행한다. 이에 따라 사람의 역할은 공감, 직관, 윤리적 판단, 창의성, 상황 맥락 파악 등 기계가 대체할 수 없는 고유한 영역으로 이동하고 있다. 특히 복합적인 사회 문제 해결이나 다양한 이해관계 조정 등은 인간의 감성과 판단력이 필수적이다. 앞으로는 기술 이해력과 인간다움을 융합하여 기계와 협업하고, 그 속에서 새로운 가치를 창출할 수 있는 인재가 주목받게 된다.

3) 직무 중심에서 역량 중심으로의 채용 변화

과거에는 전공, 학벌, 자격증 등 형식적인 조건이 채용 기준이었다. 그러나 급변하는 시장 환경에서는 문제 해결 능력, 학습 민첩성, 협업 역량, 적응력 등이 더욱 중요하게 평가된다. 직무 경험이 부족하더라도, 실제로 얼마나 빠르게 배우고 성과를 낼 수 있는지가 핵심 역량으로 간주된다. 기업들은 이제 직무 중심 채용이 아닌, 역량 기반 선발로 전환하고 있으며, 이는 인재 발굴과 성장의 패러다임 자체를 바꾸고 있다.

4) 유연하고 확장 가능한 커리어 설계 능력

더 이상 한 직장, 한 직업에 머무는 시대가 아니다. 변화가 빠른 시대일수록 한 가지 일에만 매몰되지 않고, 다양한 분야에서의 경험과 역량을 바탕으로 커리어를 유연하게 설계하고 확장할 수 있는 능력이 중요하다. '커리어는 구축하는 것'이 아니라 '설계하고 조율하는 것'이라는 인식이 확산되고 있다. 기술을 이해하고 기계와 협업하는 데 그치지 않고, 인간만이 만들어낼 수 있는 독창적인 가치를 통해 의미 있는 커리어를 지속적으로 만들어 가는 역량이 요구된다.

5) 개인 브랜드와 지속 가능한 자기주도 성장

인공지능 시대에는 개인의 정체성, 전문성, 가치관이 곧 경쟁력이 된다. 평생직장의 개념이 희미해지면서, 자신만의 브랜드를 만들고 지속적으로 성장하고 학습하려는 태도가 중요하다. 이는 단순한 자격 취득이 아닌, 자신의 관심과 강점을 중심으로 커리어를 주도적으로 설계하고, 외부 변화에 능동적으로 대응할 수 있는 '자기경영 능력'으로 이어진다. 퍼스널 브랜딩, 포트폴리오 구축, 네트워크 확장은 미래 인재의 필수 역량이 되어 가고 있다.

2. 미래 인재의 5가지 핵심 역량

인공지능 시대의 인재상은 단순히 새로운 기술을 잘 다루는 사람을 의미하지 않는다. 이 시대는 불확실성과 가능성이 공존하는 만큼, 기술을 어떻게 활용하느냐가 중요하다. 그래서 변화에 수동적으로 적응하기보다, 기술을 도구로 삼아 새로운 가치를 만들어내는 통찰과 주도성을 가진 사람이 진정으로 필요한 인재다. 이에 따라, 글로벌 리서치 기관과 기업의 리더들이 공통적으로 강조하는 다섯 가지 핵심 역량을 다음과 같이 정리한다.

1) 창의적 문제 해결력

AI는 정형화된 문제는 빠르고 정확하게 잘 해결할 수 있지만, 문제를 새롭게 정의하고 맥락에 맞게 해석하는 능력은 인간만이 할 수 있는 고유의 영역이다. 특히 복잡하고 구조화되지 않은 상황에서는 기존의 지식이나 규칙만으로는 해답을 찾기 어렵다. 이런 상황에서는 틀 밖의 사고, 다양한 분야의 통합적 관점, 새로운 질문을 던지는 능력이 핵심이 된다. 기업은 단순히 지시된 일을 정확히 수행하는 것에 그치지 않고, 문제의 본질을 찾아내고 대안을 설계하는 능력이야말로 AI 시대에 더욱 빛을 발하는 인간적 역량이다. 창의성은 예술적 감각뿐 아니라, 다양한 분야의 지식과 경험을 연결해 새롭게 해석하는 능력까지 포함한다.

2) 자기 주도적 학습력

인공지능 시대에는 새로운 기술과 정보가 빠르게 등장하고 사라진다. 한 번 배운 지식이나 기술만으로는 경쟁력을 유지하기 어렵다. 따라서 지속적으로 배우고, 스스로 학습의 방향을 설정하며, 능동적으로 성장하려는 태도가 필수적이다. 자기 주도적 학습력을 갖춘 사람은 새로운 도전 앞에서도 두려워하기보다는 호기심을 갖고 탐구하며, 변화 속에서 자신의 성장 경로를 주체적으로 설계할 수 있다. 기업과 조직은 이제 기존의 자격이나 경력보다, 이러한 역량을 가진 사람이 함께 성장하고 싶어 하는 인재다.

3) 기술 활용 역량과 디지털 감수성

인공지능 시대는 누구든지 일정 수준 이상의 디지털 리터러시를 갖추는 것이 필수적인 전제가 되었다. 프로그래밍을 전공하지 않아도, 단순한 프로그램을 다루는 기술을 넘어, 데이터를 해석하고, 디지털 도구를 적절히 활용하며, 기계와 함께 일할 수 있는 이해력과 융통성이 기본 소양이 되었다. 동시에 기술이 인간에게 미치는 영향을 이해하고, 윤리적·정서적·사회적으로 성찰할 수 있는 디지털 감수성도 함께 요구된다. 기술의 이면에 존재하는 불균형, 차별, 소외와 같은 문제를 인식하고, 그에 대한 책임 있는 태도로 접근할 수 있어야 진정한 인재라 할 수 있다.

4) 공감과 협업 능력

기술이 인간의 일 일부를 대신하게 될수록, 인간 사이의 정서적 유대와 관계의 중요성은 더욱 커지고 있다. 다양한 배경을 가진 사람들과 함께 일하며, 서로의 관점을 존중하고, 공동의 목표를 실현하는 과정은 기계로 대체할 수 없는 인간의 핵심 기능이다. 공감 능력은 단순한 감정 이해를 넘어, 타인의 입장에서 생각하고 행동하는 실천적 지능이며, 협업 능력은 서로 다른 의견을 조율하고 시너지를 이끌어내는 조직적 감각을 포함한다. 이러한 역량은 특히 리더십을 발휘하거나 팀 중심의 업무에서 반드시 요구된다.

5) 윤리의식과 책임감

AI와 데이터 기술은 효율성과 생산성을 높일 수 있지만, 동시에 데이터 편향, 프라이버시 침해, 인간 소외 등 윤리적 문제가 항상 존재한다. 따라서 기업과 조직은 기술적 역량만큼이나 윤리적 판단 능력, 사회적 책임의식, 장기적 영향에 대한 고민이 중요해지고 있다. 단기적인 성과보다, 기술이 사회에 미치는 영향을 숙고하고 책임감 있는 태도를 가진 신뢰할 수 인재야말로 미래를 설계할 자격이 있다. 미래의 리더는 기술의 방향을 설계할 뿐 아니라, 그 기술이 사회에 미칠 영향까지 고민하고 책임질 수 있어야 한다.

인공지능 시대의 인재는 기술 그 자체를 잘 다루는 사람을 넘어서, 기술의 맥락을 이해하고, 사람들과 협력하며, 사회적 가치를 창출할 수 있는 능력과 태도를 갖춘 사람이다. 기술은 누구에게나 열려 있지만, 그것을 어떻게 활용하고, 어떤 가치를 실현할지는 인간에게 달려 있다. 이 다섯 가지 역량은 단순한 능력의 목록이 아니라, 태도와 철학의 총합으로 인간다움의 본질을 지키고 확장해 나가기 위한 핵심 기준이다. 진정한 인재란, 변화에 끌려가는 사람이 아니라, 변화의 방향을 스스로 만들어가는 사람이다.

3. 기술 역량과 인간성이 조화를 이루는 미래형 인재

"AI 기술만 바라보는 '딱딱한 전문가'는 잊어라!
창의와 감성, 그리고 사람을 이해하는 사람만이 내일의 리더다."

미래 기업이 진정으로 원하는 인재는 단순히 첨단 기술을 능숙하게 다루는 수준에 머무르지 않는다. 기업과 사회가 바라는 진정한 인재는 기술과 함께 성장하면서도 인간 고유의 가치와 품성을 잃지 않는 사람이다. 이러한 인재는 기술을 도구로 활용하여 새로운 가치를 창출하고, 인간에 대한 깊은 이해와 배려를 바탕으로 지속 가능한 미래를 만들어 가는 중심축이 된다. 특히 복잡하고 불확실한 시대일수록, 창의적인 문제 해결력, 비판적 사고력, 윤리 의식, 다양성과 포용에 대한 존중 등 인간 중심의 역량이 더욱 중요한 경쟁력으로 부각된다.

따라서 AI 시대의 인재상은 단순한 기술 역량의 향상을 넘어, 깊은 인간성과 성숙한 내면, 그리고 변화 속에서도 중심을 잃지 않는 통합적 사고와 실천력이다. 여기에 평생학습의 자세, 끊임없는 자기 혁신, 공동체와 함께 성장하려는 열린 마음이야말로 AI 시대를 넘어서는 진정한 경쟁력을 갖춘 인재의 모습이다.

결론적으로, 기술이 기업 환경과 산업 구조를 근본적으로 바꾸어가는 오늘날, 기술 역량과 인간성이 조화를 이루는 인재만이 사회와 조직의 지속 가능한 발전을 이끌 수 있는 핵심 주체가 된다는 점을 분명히 인식해야 한다.

Chapter 2

미래인재 선발 기준이
바뀌고 있다

"일의 미래는 직무가 아니라 역량에 달려 있다."

AI의 발전과 디지털 전환이 빨라지면서 기업이 원하는 인재상도 크게 달라지고 있다. 이제 기업은 변화에 능동적으로 대응하고, 새로운 가치를 만들어낼 수 있는 미래형 인재를 중요하게 생각한다. 이런 인재를 확보하고 육성하는 일은 기업의 경쟁력과 생존을 위한 핵심 전략이 되고 있다. 결국 기업의 미래는 변화와 혁신을 이끌 인재를 얼마나 잘 확보하고, 이들이 조직에서 성장하며 역량을 발휘할 수 있게 지원하느냐에 달려 있다.

1. 기업의 미래인재 확보 전략

"앞서가는 기업의 성공 로드맵 — 강력한 인재 전략에 달려 있다."

1) 역량 중심 채용 확대

최근에는 학력이나 전공, 자격증보다 실제 직무를 수행하는 데 필요한 문제 해결력, 창의성, 협업 능력, 디지털 활용 역량 등 실질적인 역량을 중심으로 인재를 선발하는 흐름이 확산되고 있다. 많은 기업이 기존의 이력서 중심 채용 방식에서 벗어나, AI 면접, 과제 수행 평가, 역량 기반 인터뷰 등 다양한 평가 도구를 도입하고 있다. 역량 기반 인터뷰는 지원자의 과거 행동을 통해 미래의 업무 수행 능력을 예측하는 구조화된 방식으로, 실제 직무 상황에서의 행동과 문제 해결 경험을 중점적으로 평가한다. 이런 변화는 채용의 공정성과 객관성을 높이고, 기업과 지원자 간의 쌍방향 소통을 강화하는 데도 도움이 되고 있다.

2) 직무 맞춤형 교육과 리스킬링(Reskilling)

AI 시대에는 직무 자체가 빠르게 변화하기 때문에, 기존 인재를 새로운 역할에 맞게 재교육하는 리스킬링이 매우 중요해졌다. 글로벌 선진 기업들은 사내외 온라인 교육 플랫폼, 현장 중심의 OJT, 외부 전문가와의 협력 프로그램 등 다양한 방식으로 직원의 디지털 및 미래 역량을 강화하고 있다. 리스킬링은 단순한 기술 습득을 넘어, 현장 적용과 실질적 경력 전환을 목표로 설계되고 있으며, 이는 조직의 성장과 혁신을 이끄는 핵심 동력이 되고 있다.

3) 인재의 다양성 확보와 유연한 조직문화

창의적이고 혁신적인 아이디어는 다양한 배경과 관점을 가진 인재로부터 나온다. 기업들은 연령, 국적, 성별, 전공 등 다양한 요소를 존중하며, 다양성과 포용성을 조직 전략의 핵심으로 삼고 있다. 실질적인 다양성 정착을 위해 전사적 교육과 워크숍을 실시하고, 자율성과 몰입도를 높이는 유연 근무제, 수평적 조직문화, 프로젝트 중심 협업 환경을 조성하고 있다. 이러한 문화는 직원의 만족도와 몰입도를 높이고, 우수 인재 유치에도 긍정적인 영향을 준다.

4) 미래역량 기반 인턴십 및 산학 협력 강화

기업들은 대학 및 교육기관과 협력해 실무 중심의 인턴십, 산학 공동 프로젝트 등을 운영한다. 이를 통해 젊은 인재를 조기에 발굴하고, 학생들은 실제 산업 현장에서의 경험과 진로에 대한 인사이트를 얻는다. 산학 협력은 신기술 개발, 특허, 창업 등으로 이어지며, 미래인재 풀 형성과 신속한 채용으로도 연결된다. 또한, 지역사회와의 상생, 지속가능한 혁신

생태계 구축에도 기여한다.

5) 조직 내부의 데이터 기반 인재 분석

일부 선진 기업들은 사내 인재의 역량, 성과, 성장 가능성 등을 데이터 기반으로 분석해 인재를 적재적소에 배치하거나 승진, 교육 계획을 세운다. HR 애널리틱스(Human Resources Analytics)는 인사 데이터를 바탕으로 직원의 행동, 성과, 조직 전략을 분석하고 예측해 의사결정의 정확성과 전략적 효과성을 높이는 핵심 도구로 자리 잡고 있다. 앞으로 인적자원개발 분야에서도 데이터 기반 평가와 예측의 중요성이 더욱 커질 전망이다.

6) 유연한 근무제와 자율적인 조직문화 조성

재택근무, 유연 근무제, 프로젝트 중심의 조직 운영 등은 이제 선택이 아니라 필수다. 유연근무제 도입은 업무 생산성과 직원 만족도를 높이고, 숙련 인력의 이직 방지, 조직 몰입도 증대 등 다양한 긍정적 효과를 가져오고 있다. 특히 젊은 세대는 일과 삶의 균형, 자기 주도성, 성장 기회 등을 중시하기 때문에, 유연한 근무 환경과 자율적 조직문화는 우수 인재 유치와 유지에 중요한 경쟁력이 되고 있다.

7) 디지털 리더십과 창의적 사고 역량 강조

미래인재는 단순한 기술자가 아니라, 기술과 인간, 사회를 연결하는 리더로 성장해야 한다. 기업들은 구성원들에게 디지털 이해력, 창의적 문제 해결력, 윤리적 판단, 커뮤니케이션 능력 등 복합적 역량을 키우는 교육을 강화하고 있다. 디지털 리더십은 변화에 대한 민감성, 혁신을 주도하는 용기, 다양한 이해관계자와의 소통 능력을 포함한다.

8) 브랜드 기반 인재 유치 전략 강화

우수한 인재는 단순한 조건뿐 아니라, 기업의 가치와 비전, 사회적 책임, 긍정적 브랜드 이미지에 큰 매력을 느낀다. 기업들은 ESG 경영, 사회적 책임 실천, 긍정적 브랜드 이미지 구축 등을 통해 젊은 세대와의 정서적 연결을 강화하고 있다. 채용 브랜딩은 단순한 인재 선발을 넘어, 기업의 미래 경쟁력을 좌우하는 핵심 전략으로 부상하고 있다.

이처럼 AI와 디지털 전환이 가속화되는 시대에, 기업이 미래형 인재를 효과적으로 확보하고 육성하기 위해서는 위와 같은 전략들이 필수적이다. 변화와 혁신을 이끌 인재를 얼마나 전략적으로 확보하고 지원하느냐가 기업의 지속 가능한 성장과 생존을 좌우하게 된다.

2. 인재 확보 전략은 기업 생존의 필수 조건이다

"인재 확보는 더 이상 옵션이 아니다.
'혁신 기업'은 창의성과 감성, 기술의 삼박자를
두루 갖춘 인재로만 완성된다!"

오늘날 AI 시대를 맞이하면서 기업의 미래인재 확보 전략은 기술 중심에서 사람 중심으로 빠르게 바뀌고 있다. 급변하는 환경에 능동적으로 적응하고, 계속해서 배우며, 협력과 창의성을 발휘할 수 있는 인재의 확보는 이제 기업 생존에 필수적인 조건이 되었다.

이제 우리가 준비해야 할 과제는 단순히 기술을 익히는 데 그치지 않고, 자신의 적성과 역량을 정확하게 이해하고 변화에 맞춰 이를 유연하게 발전시킬 수 있는 자기 주도적 성장 전략을 세우는 일이다. 아무리 기술이 정교하게 발전해도 인간만의 판단력, 감성, 창의력, 공감 능력, 윤리적 책임감은 여전히 중요한 가치로 남아 있고, 앞으로 그 중요성은 더욱 커질 것이다.

감성 지능과 공감 능력 같은 인간적 특성은 AI가 대신할 수 없는 영역이며, 조직 내 소통과 협력, 혁신의 원동력이 된다. 기업은 이런 인간적 역량을 중시하는 인재 전략을 통해 단순한 기술적 우위가 아니라, 지속 가능한 성장과 사회적 신뢰를 함께 추구해야 한다.

결국 진정한 경쟁력은 기술이 아니라 사람에게서 나온다는 사실을 다시 한 번 인식해야 한다. AI 시대의 진정한 승자는 변화에 능동적으로 대응하면서도 인간 본연의 가치를 지키고, 이를 바탕으로 새로운 미래를 만들어 가는 인재와 조직임을 잊지 말아야 한다.

Chapter 3

인재가 기업을 선택하는 시대가 온다

> "항상 당신의 직원들을 그들이 최고의 고객에게 대하기를
> 바라는 그 방식으로 대우하세요."
>
> _스티븐 코비

과거에는 일자리 부족이 사회적 문제로 여겨졌지만, 이제는 오히려 인재 부족이 더 심각한 과제로 떠오르고 있다. 특히, 고차원적인 사고력과 창의성, 문제 해결 능력, 기술융합 역량 등 복합적이고 창의적인 역량을 갖춘 인재에 대한 수요는 시장 변화보다 더 빠르게 늘어나고 있다.

이제 기업의 생존과 지속적인 성장은 우수 인재를 어떻게 확보하고, 그들이 조직에서 역량을 최대한 발휘할 수 있도록 지원하며, 장기적으로 함께 성장할 수 있는 문화를 만드는지에 달려 있다. 동시에 인재 개인도 자신의 역량과 잠재력을 어떻게 발굴하고, 이를 효과적으로 증명하며, 의미 있는 커리어를 설계할 것인지가 중요한 전략적 과제가 되고 있다.

앞으로는 기업과 인재가 서로를 선택하고 성장시키는 상생의 파트너십이 새로운 표준이 될 것이다.

1. 인재가 기업을 선택하는 시대가 된 이유

뛰어난 인재일수록 연봉보다
기업의 비전과 철학, 사회적 책임, 그리고 성장 환경을 더 중요하게 본다.

오늘날 인재들은 단순히 일자리를 얻는 데 만족하지 않고, 적극적으로 자신에게 맞는 기업을 고른다. 그 중심에는 직업선택 기준의 변화, 즉 '가치 중심의 전환'이 자리 잡고 있다. 이제 인재들은 연봉이나 직급 같은 외형적인 조건만으로 미래를 결정하지 않는다. 오히려 자신의 가치관과 철학, 삶의 방향성과 잘 맞는 조직을 찾으려 한다. 그 안에서 자신의 잠재력을 마음껏 발휘하고, 지속적으로 성장하며, 사회적으로 의미 있는 일에 기여하고 싶어 하는 욕구가 강해졌다. 이런 변화는 단순히 채용 방식만 바꾸는 것이 아니라, 기업문화와 조직 정체성 전체를 새롭게 정의해야 하는 과제를 던지고 있다.

1) 기업 간 인재 확보 경쟁

특히 AI, 데이터, 바이오, 반도체 분야 등 기술 중심 산업에서는 빠른 기술 발전과 함께 전문 인재에 대한 수요가 폭발적으로 증가하고 있다. 그러나 이러한 고급 인력은 한정되어 있어, 우수 인재를 확보하기 위한 기업 간 경쟁은 매우 치열해지고 있다. 단순한 인력 채용을 넘어, 인재 유치를 위한 전략적 투자와 조직 문화 혁신이 필수 요소로 자리 잡고 있다. 과거에는 안정된 직장을 얻기 위해 많은 지원자들이 기업의 문을 두드렸지만, 이제 인재들은 복지, 근무 환경, 성장 기회, 업무의 자율성, 조직 문화 등 다양한 조건을 꼼꼼히 비교해 자신에게 가장 적합한 기업을 선택한다.

2) 가치 중심의 직업 선택

요즘 인재들은 높은 연봉이나 직책만으로는 만족하지 않는다. 자신의 가치와 철학이 존중받고 실현될 수 있는 환경을 더 중요하게 여긴다. 기업의 비전, 조직의 존재 이유, 일의 사회적 기여도, 내부의 소통 구조 등은 단순한 조건을 넘어선다. 특히 MZ세대를 중심으로 일의 의미와 사회적 영향력을 중시하는 경향이 강하다. 이들은 "어디서 일하느냐."보다 "무엇을 위해, 누구와 일하느냐."를 더 중요하게 생각한다. 결국 인재는 가치를 공유할 수 있고, 자신의 역량이 의미 있게 쓰이는 조직을 찾는다.

3) 포용적인 문화와 유연한 업무 환경

직업 선택 기준에는 조직 문화와 근무 환경도 큰 비중을 차지한다. 위계적이고 권위적인 문화보다는 자유롭고 수평적인 의사소통, 다양성을 존중하는 태도, 개인의 삶을 배려하는 유연한 제도가 인재들에게 더 매력적으로 다가온다. 팬데믹을 겪으면서 원격 근무와 유연 근무제에 익숙해진 세대는 더 이상 출퇴근 시간과 장소에 얽매이지 않는다. 일과 삶의 균형,

자율성, 심리적 안정감이 보장되어야 진정으로 몰입하고 성과를 낼 수 있다고 믿는다. 이런 환경을 갖춘 조직은 '일하기 좋은 회사'를 넘어 '함께 성장하고 싶은 곳'으로 인식되어 우수 인재에게 선택받을 가능성이 높아진다.

4) 사회적 가치와 지속 가능성을 추구하는 일터

오늘날의 인재들은 기업이 단순히 이윤을 창출하는 조직인지, 아니면 사회에 긍정적인 영향을 미치는 주체인지를 주의 깊게 살펴본다. 환경 보호, 윤리적 경영, 다양성 존중, 지역사회 공헌 등 이러한 가치 지향적 경영은 단순히 외부 홍보를 위한 포장 전략이 아니라, 내부 구성원의 자긍심과 일에 대한 의미 부여로 이어져 조직 몰입과 장기 재직률에도 긍정적인 영향을 미친다. 인재와 기업이 철학과 가치를 공유하는 관계가 형성될 때, 비로소 지속 가능한 동반 성장이 가능해진다. 이런 태도는 인재에게 신뢰와 공감을 주고, 기업과 인재가 공유하는 철학적 기반이 된다.

5) 성장 경로와 역량 개발 기회의 중요성

오늘날의 인재들은 '현재의 역할'보다 미래의 성장 가능성을 더 중요하게 여긴다. 단순한 직무 수행이 아니라, 사내외 교육 프로그램, 내·외부 멘토링 제도, 직무 순환 기회, 리더십 육성 트랙 등을 통해 지속적인 역량 개발 기회가 얼마나 체계적으로 지원하는지를 기준으로 기업을 평가한다. 특히 디지털 및 AI 기술 변화가 빠른 분야에서는 기술 변화에 민감하게 적응하고 최신 기술 트렌드에 맞는 재교육(Reskilling)과 직무 전환 기회가 중요하다. 이런 환경이 갖춰져 있어야 인재는 장기적으로 그 기업에 머무를 동기를 느끼며, 함께 성장하려는 의지를 갖게 된다.

인공지능 시대의 인재는 단순히 '일자리'를 찾는 것이 아니라, '자신이 의미 있게 성장할 수 있는 조직'을 선택한다는 점을 명확히 보여 준다. 특히 MZ세대는 일을 통해 사회에 긍정적인 영향을 주고자 하는 욕구가 강하다. 직장을 개인의 철학을 실현하는 플랫폼으로 여기며, "나의 일은 세상과 어떻게 연결되는가."를 끊임없이 고민한다. 그 답을 줄 수 있는 기업을 찾아가는 것이 이들의 새로운 기준이 되고 있다.

2. AI 시대, 핵심 인재 부족 현상의 배경

핵심 인재 부족의 현주소 –

기술 발전은 빠른데, 진짜 '미래형 인재'는 부족하다.

초격차 경쟁 시대, 인재난은 심화되고 있다.

기술은 앞서가고, 인재는 부족하다 - AI 시대의 구조적 도전

AI가 이끄는 기술 혁신은 산업 구조를 빠르게 변화시키고 있다. 자동화와 디지털 전환이 가속되면서 기존의 직무는 대체되거나 새롭게 정의되고, 동시에 이전에는 없던 새로운 일자리와 직무가 계속해서 생겨나고 있다. 하지만 이런 변화의 속도를 따라가며 기술 혁신을 주도할 수 있는 인재는 여전히 크게 부족한 실정이다. 단순히 기술을 활용하는 능력만으로는 부족하다. AI 기술의 개발과 운영 역량에 더해, 윤리적이고 사회적인 통찰까지 갖춘 융합형 인재에 대한 수요가 전 세계적으로 폭발적으로 늘어나고 있다. 그럼에도 불구하고 현재의 교육 시스템과 인재 양성 체계는 이런 변화에 효과적으로 대응하지 못하고 있다. 기술은 빠르게 진화하지만, 이를 책임감 있게 다루고 사회적으로 선순환 시킬 수 있는 인재는 절대적으로 부족한 상황이다. 이 문제는 단순한 인력 공급의 차원을 넘어서 교육, 산업 구조, 사회 문화, 정책 환경 등 여러 요인이 얽힌 구조적 도전 과제로 봐야 한다. 결국 이는 미래 사회의 지속 가능성과도 직결된 본질적인 과제다.

1) 기술 발전 속도와 인재 양성의 불균형

AI와 같은 첨단 기술은 해마다 새로운 형태로 진화하고 있다. GPT, 자율주행, 생성형 AI 등 기술은 빠르게 발전하지만, 이에 맞춰 전문 인재를 배출할 수 있는 인프라는 상대적으로 느리게 개선되고 있다. 대학에서는 여전히 기초적인 커리큘럼에 머무르거나 신기술 반영이 늦고, 기업 내 교육도 실무에 바로 적용하기에는 부족한 경우가 많다. 이로 인해 현장에서는 기술은 넘치지만 실제로 다룰 수 있는 인재가 부족한 현실이 이어지고 있다.

2) 기존 교육 시스템의 한계

현재의 교육 제도는 여전히 정답 중심의 암기식 교육에 머물러 있다. AI 시대에는 코딩, 데이터 해석, 알고리즘 활용뿐 아니라 윤리적 판단과 협업 능력까지 필요하지만, 기존의 시험 위주 교육은 이런 역량을 제대로 길러주지 못한다. 중등교육과 대학교육 간의 연계 부족, 실무와의 괴리, 맞춤형 교육의 부재 등도 인재 부족을 심화시키는 요인이다. 단순히 수학 성적이 높다고 해서 AI를 잘 다루는 것도 아니며, 기술을 활용해 가치를 창출할 수 있는 종합적 사고와 실행력이 점점 더 중요해지고 있다.

3) 전문 기술의 고도화와 복잡성 증가

AI 기술은 단순한 코딩을 넘어, 심화된 수학적 모델, 통계적 추론, 머신러닝 알고리즘의 이해, 그리고 이를 실제 문제에 적용할 수 있는 도메인 지식까지 요구한다. 예를 들어, 자연어처리를 하려면 언어학과 컴퓨터 과학 모두를 알아야 하고, 의료 AI에는 의료 데이터 해석 능력도 필요하다. 기술이 고도화되고 융합화될수록 단기간의 교육만으로는 깊이 있는 전문가를 양성하기 어렵고, 현장에서는 요구 수준을 충족시키지 못하는 인력 공백이 생긴다.

4) 산업 전반으로 확장되는 기술 수요

이제 AI 기술은 IT 분야에만 머물지 않는다. 제조업, 농업, 금융, 교육 등 거의 모든 산업에 AI가 도입되고 있다. 각 산업마다 도메인 지식과 기술의 융합이 필요하므로, 단순한 AI 기술자만으로는 해결할 수 없는 문제가 많다. 예를 들어, 의료 현장에서는 AI 모델의 정확도뿐 아니라 의료 윤리와 환자 데이터의 민감성도 중요하다. 이를 조율할 수 있는 융합형 전문가는 절대적으로 부족하다.

5) 조직과 개인의 적응력 부족

많은 조직과 개인은 기술 변화의 속도를 인지하면서도 적극적으로 대응하지 못하는 현실적 제약이 있다. 기업은 기존 시스템 투자 회수, 인재

재교육 비용, 변화에 대한 저항 등으로 기술 도입이 지연되기도 한다. 개인 역시 경력 단절, 시간 부족, 교육 인프라 부족 등으로 인해 재교육에 참여하지 못하거나 포기하는 경우가 많다. 결국 기술은 있지만 이를 효과적으로 활용할 인재와 조직의 준비 부족이 인재 부족으로 이어진다.

6) 국가 간, 기업 간 인재 쟁탈전

AI 분야의 글로벌 인재 쏠림 현상은 매우 심각하다. 우수 인재는 미국, 유럽, 중국 등 대형 기술 기업이 집중적으로 확보하고 있으며, 고액 연봉과 연구 자유도, 글로벌 자원 등을 제공한다. 반면 중소기업이나 개발도상국, 신생 조직은 이런 조건을 맞추기 어렵기 때문에 양질의 인재 확보와 유지에 큰 어려움을 겪고 있다. 국내에서도 AI 인재의 해외 유출이 심화되고 있고, 장기적으로 국가 간 기술 격차를 더 벌어지게 만드는 원인이 되고 있다.

7) AI 윤리, 법률, 철학 등 융합 분야 준비 부족

AI가 실생활에 널리 쓰이면서 '어떻게 사용할 것인가?'에 대한 고민이 더 중요해지고 있다. 알고리즘 편향, 프라이버시 침해, 자동화로 인한 고용 불안 등 사회적 이슈가 늘어나고, 이에 대응할 윤리, 법률, 정책 전문가의 수요도 빠르게 증가하고 있다. 하지만 현실적으로 이런 융합 분야에서 제대로 훈련된 인재는 매우 부족하고, 관련 교육도 아직 초기 단계에 머물러 있다. 기술과 인문사회 영역을 넘나드는 융합형 인재의 필요성은 앞으로 더 커질 것이다.

　다양한 요인들로 인해 인공지능 시대의 핵심 인재 부족 현상은 단기간에 해결되기 어려운 구조적 문제로 심화되고 있다. 단순한 인력 수급의 문제가 아니라, 교육, 산업, 사회, 정책 등 모든 영역이 맞물려 있는 복합적 과제다. 이를 해결하려면 개인, 사회, 교육기관, 정부, 기업 등 모든 주체가 교육 체계, 정책 방향, 기업 문화 전반에 걸친 전 방위적 변화와 투자를 해야 한다. 지속 가능한 미래를 위해서는 기술과 인간 역량이 균형 있게 발전해야 하며, 이는 한 분야의 노력만으로는 이룰 수 없다.

3. 미래인재 부족에 대한 대책 전략

장기적 관점의 '인재 관리' 전략으로,

내부 인재 성장과 이직 방지에 전사적 투자를 아끼지 않는

기업만이 살아남는다.

미래인재의 절대적 부족은 국가경쟁력을 위협하는 구조적 과제

AI 기술이 빠르게 발전하면서 산업 전반에서 고급 인재에 대한 수요가 폭발적으로 늘고 있다. 하지만 이런 수요를 감당할 수 있는 전문 인재는 절대적으로 부족한 상황이다. 이 문제는 단순히 인력 수급의 차원을 넘어 국가 경쟁력과 산업 전반에 심각한 구조적 위협이 되고 있다. 따라서 단기적인 처방이 아니라, 교육, 정책, 산업, 문화 등 다양한 영역에서 다각적이고 지속적인 대응이 필요하다.

1) 교육 시스템의 전면적 혁신

가장 근본적인 해결책은 교육의 혁신이다. 기존 교육은 이론과 암기 위주에서 벗어나지 못해, 빠르게 변화하는 AI 기술의 속도를 따라가기 어렵다. 대학과 교육기관은 최신 AI 기술과 트렌드를 반영한 커리큘럼을 개발하고, 기초부터 고급 과정까지 체계적인 학습 경로를 제공해야 한다. 또한 산업체와 협력해 실무 중심의 교육을 강화하고, 인턴십, 산학 협력 프로젝트, 실전형 캡스톤 디자인 등 다양한 프로그램을 통해 학생들이 실제 산업 현장에서 필요한 기술과 문제 해결 능력을 기를 수 있도록 해야 한다.

2) 재교육(Reskilling) 및 평생 학습 체계 구축

인공지능 시대에는 한 번 배운 지식만으로 평생을 살아갈 수 없다. 직무 전환이 활발하게 일어나고, 누구나 지속적으로 배우고 적응할 수 있는 평생 학습 체계가 필요하다. 온라인 교육 플랫폼을 활용해 시간과 장소에 구애받지 않고 AI 관련 교육을 받을 수 있는 환경을 만들어야 한다. 또한 재직자들이 새로운 기술을 익힐 수 있도록 파트타임 교육, 직무 맞춤형 워크숍, 부트캠프(Bootcamp) 등 실무 중심의 학습 프로그램을 지원하면, 현장에서도 기술 변화에 유연하게 대응할 수 있다.

3) 산업계와 학계 간의 협력 강화

AI 인재 부족 문제는 한 기관만의 노력으로 해결할 수 없다. 대학, 기업, 연구소가 유기적으로 연결되어야 실질적인 변화가 가능하다. 공동 연구 프로젝트를 활성화하고, 대학의 이론 연구가 산업 현장에서 실제로 활용될 수 있도록 연결하는 플랫폼이 필요하다. 정기적인 기술 세미나, 산학 협력 컨퍼런스, 워크숍 등을 통해 최신 기술과 현장의 요구를 공유하고, 서로의 지식을 보완하며 발전하는 지속 가능한 협력 체계를 만들어야 한다.

4) 글로벌 인재 유치 및 국제 협력 확대

인재 부족 문제는 국내를 넘어 글로벌 경쟁의 문제다. 세계적으로 우수한 AI 인재를 유치하기 위해 비자 발급 절차를 간소화하고, 외국 인재가 국내에서 활동할 수 있도록 이민 정책과 정착 프로그램을 마련해야 한다. 해외 대학, 연구기관, 글로벌 기업과의 협력을 통해 기술 정보와 인재 교류를 활성화하고, 국내 인재들에게도 국제적 감각을 키울 수 있는 기회를 제공해야 한다. 글로벌 네트워크 속에서 함께 성장하는 환경을 조성하는 것이 중요하다.

5) AI 연구개발 지원 및 인프라 확충

전문 인재가 활약할 수 있는 연구 및 실험 환경 조성도 필수적이다. 정부 차원의 AI 연구개발 투자와 인프라 구축을 확대하고, 스타트업이나 연구기관이 자유롭게 기술을 개발하고 실험할 수 있는 테스트베드(Testbed) 환경을 마련해야 한다. 실험실, 파일럿 프로젝트(Pilot Project), 오픈 데이터셋 제공, 클라우드 인프라 지원 등 실질적인 지원이 필요하다. 이런 환경은 기업과 연구자들이 더 빠르고 창의적인 성과를 낼 수 있도록 도와준다.

6) 융합형 인재 양성을 위한 다학제 접근

인공지능 시대에는 단일 전공만으로는 한계가 있다. 기술과 인문, 사회,

예술, 경영 등 여러 분야를 넘나드는 융합형 사고가 필수적이다. 대학과 교육기관은 다학제 전공, 복수전공, 융합 전공 트랙을 적극적으로 개설하고, 실제 문제를 통합적으로 접근하는 교육 방식을 강화해야 한다. 예를 들어, AI와 의학을 결합한 의료 인공지능 전문가, AI와 법률을 접목한 알고리즘 법률 분석가, 예술과 기술을 결합한 창작형 AI 디자이너 등 새로운 형태의 직업과 인재상이 등장하고 있다. 이런 수요에 맞춘 교육 체계를 갖추는 것이 미래 경쟁력을 확보하는 열쇠가 된다.

이처럼 인공지능 시대의 인재 부족 문제는 단기적 처방이 아니라, 교육 혁신, 평생 학습, 산학 협력, 국제 협력, 연구 인프라 확충, 윤리 교육, 다학제 접근 등 다방면의 노력이 함께 이뤄질 때 비로소 해결의 실마리를 찾을 수 있다.

4. 사람과 가치 중심의 인재 전략이 필요하다

"일하고 싶은 기업"이라는 평판은 곧 인재 확보의 최고의 무기!

다양한 인재 확보와 육성 전략은 인공지능 시대의 인재 부족 문제를 단순한 단기 인력 수급 문제로 보지 않고, 구조적이고 장기적인 과제로 봐야 한다는 것을 분명히 보여 준다. 기술 중심의 접근을 넘어서 이제는 사람과 가치 중심의 인재 육성 체계를 함께 만들어야 한다. 이런 근본적인 변화가 일어날 때, AI 시대는 우리 사회에 단순한 도전이 아니라 무한한 기회와 가능성을 주는 새로운 성장의 장이 될 것이다.

무엇보다 기업이 미래 경쟁력을 확보하려면 단순히 기술 도입에 그치지 말고, 사람을 존중하고 구성원의 고유한 가치를 실현할 수 있는 포용적이고 혁신적인 조직 문화를 만들어야 한다. 이런 조직만이 우수한 인재에게 선택받을 뿐 아니라, 인재가 자발적으로 머물며 성장하고 싶어 하는 진정한 '인재 중심 기업'이 될 수 있다. 이것이 AI 시대의 진정한 성공 조건이며, 지속 가능한 혁신과 성장을 이끄는 튼튼한 기반이 될 것이다.

더 나아가 사람과 가치를 중심에 둔 인재 전략은 단순히 기업 경쟁력 강화에 그치지 않고, 사회 전반의 포용성과 지속 가능성을 높이는 데도 기여할 것이다. 그래서 우리는 기술과 인간성이 조화를 이루는 균형 잡힌 인재 전략을 통해 AI 시대를 이끄는 미래 지향적이고 지속 가능한 조직 문화를 함께 만들어가야 한다.

"모범은 타인에게 영향을 주는 데 있어

가장 중요한 것이 아니라,

유일한 것이다."

_알베르트 슈바이처

Chapter 1

아이의 역량은
가정교육에서 시작된다

"아이를 바른 길로 이끌고 싶다면,

가끔은 당신이 먼저 그 길을 걸어보아야 한다."

_조쉬 빌링스

아이의 삶과 성장은 가정에서 시작된다. 아이는 부모의 말투와 표정을 가장 먼저 따라 하며, 가정에서 오가는 말과 행동을 통해 자신만의 정체성을 만들어 간다. 성격과 태도, 가치관, 학습 습관, 사회적 역량 등 아이의 모든 기본적인 능력은 결국 가정교육을 통해 형성된다.

가정은 아이가 처음으로 경험하는 '작은 사회'이자 인생의 첫 번째 학교다. 이런 이유로 가정교육은 학교교육만큼이나 중요하며, 때로는 학교보다 훨씬 더 강력한 영향력을 발휘하기도 한다. 특히 AI와 디지털 혁신이 일상이 된 요즘에는 가정에서 감성 지능, 공감 능력, 창의적 사고력 등 인간적인 특성을 기르는 교육이 더욱 중요해지고 있다.

결국, 가정교육은 아이의 평생 역량과 인성을 좌우하는 가장 근본적이고도 지속적인 힘이다. 부모의 성찰과 실천이 곧 아이의 미래를 여는 열쇠임을 잊지 말아야 한다.

1. 가정은 아이의 첫 번째 교실이다

"단 한 번뿐인 성장의 시기,
내 아이의 성품과 역량은 학교가 아니라 집에서 시작된다.
작은 행동 하나, 말투 하나가 평생을 좌우하는 씨앗이 된다."

가정교육은 아이가 학교와 사회에서 건강하게 성장하고, 미래의 역량을 갖추는 데 가장 근본적인 출발점이다. 부모는 자녀의 평생에 걸쳐 영향을 미치는 본질적인 교육자이기 때문에, 가정에서의 경험과 분위기는 아이의 인성, 사회성, 자기주도성, 그리고 정서적 안정에 결정적인 역할을 한다.

1) 부모의 모범이 곧 아이의 행동 기준이다

아이들은 부모의 말보다 행동을 더 잘 배운다. 부모가 보여주는 태도와 말투, 갈등을 대하는 방식, 삶을 대하는 자세는 그대로 아이에게 전달된다. 정직함, 책임감, 존중, 배려 같은 가치는 말로 가르치는 것보다 부모가 일상에서 실천할 때 아이가 자연스럽게 내면화하게 된다.

• **실천 팁**: 갈등 상황에서 부모가 먼저 침착하게 감정을 표현하고, 필요

할 때 솔직하게 사과하는 모습을 보이면 아이도 자연스럽게 자기감정을 다루는 방식을 배운다.

- **사례**: 부모가 "내가 화를 내서 미안해. 네 감정을 이해하고 싶어."라고 말하면, 아이도 자신의 감정을 건강하게 표현하는 법을 익히게 된다.

2) 가치관과 도덕성의 형성

가정은 아이가 옳고 그름을 배우는 첫 공간이다. 아이들은 부모의 판단과 태도를 통해 도덕적 기준을 내면화한다. 부모가 공정함과 일관성을 가지고 원칙을 지키는 모습을 보이면, 아이는 바른 가치관과 윤리의식을 갖추게 된다. 반대로 부모가 상황에 따라 원칙을 다르게 적용하면 아이는 혼란을 느끼고 자기중심적으로 생각할 수 있다.

- **실천 팁**: 규칙을 정할 때 아이와 함께 이유를 설명하고, 상황에 따라 원칙을 바꾸지 않도록 노력한다.

- **사례**: 가족 모두가 지키는 '약속의 시간'을 정하고, 어길 경우 부모도 예외 없이 사과하는 모습을 보여 준다.

3) 사회적 기술의 첫 훈련장이 바로 가정이다

의사소통, 공감, 협력, 갈등 조절 같은 사회적 기술은 가정에서의 상호작용을 통해 처음 배우게 된다. 부모와의 안정적인 관계 형성은 아이가 다른 사람들과 건강한 관계를 맺는 토대가 되고, 형제자매와의 경험은 협동과 배려, 인내심을 기르는 기회가 된다. 이런 기초가 부족하면 아이는 또래 관계에서 갈등 해결력이나 공감 능력이 떨어질 수 있다.

- **실천 팁**: 가족회의나 역할 분담을 통해 아이가 자신의 의견을 말하고, 타인의 입장을 들어보는 기회를 자주 만든다.

- **사례**: 형제자매 간 다툼이 있을 때, 부모가 중재자가 되어 서로의 입장을 듣고 해결책을 스스로 찾게 도와준다.

4) 학습 태도와 자기 효능감의 기초 형성

가정에서 '배움'이 존중받고 격려 받는 분위기라면, 아이는 자연스럽게 학습에 긍정적인 태도를 갖게 된다. 부모의 격려, 질문에 대한 경청, 함께 책을 읽는 습관 등은 아이의 자기 효능감을 키우고, 성취 경험으로 이어진다.

- **실천 팁**: 결과보다 과정에 집중해 칭찬한다. "열심히 노력했구나!"처럼, "좋은 성적을 내서 기쁘다."보다는 "열심히 노력하는 모습이 정말 자랑스럽다."라고 노력과 태도를 인정해 주면 훨씬 강력한 내적 동기를 자극할 수 있다.

- **사례**: 아이가 숙제를 마치면, "정말 집중해서 했구나. 네가 스스로 해 낸 걸 보니 대견해."라고 말해 준다.

5) 자기관리 능력은 가정에서 배운다

시간을 어떻게 쓰는지, 감정을 어떻게 조절하는지, 목표를 어떻게 설정하고 관리하는지에 대한 자기관리 능력은 가정에서 부모의 지도와 생활 습관을 통해 자연스럽게 익혀진다. 부모가 스스로 삶을 계획하고 실천하는 모습을 보일 때, 아이도 자기주도적인 태도를 배우게 된다. 이런 습관은 학교나 직장에서의 성과에도 직접 연결된다.

- **실천 팁**: 가족 모두의 일정표를 함께 만들고, 각자의 목표와 계획을 공유한다.

- **사례**: 주말 계획을 세울 때, 아이가 스스로 우선순위를 정하고 실천하도록 격려한다.

6) 정서적 안정은 학습과 성장을 위한 기본 조건이다

가정은 아이에게 가장 안전하고 따뜻한 울타리가 되어야 한다. 부모의 안정적인 정서 상태, 공감적 태도, 아이의 감정을 있는 그대로 인정하고 수용하는 자세는 아이가 안정감을 느끼고 건강한 정체성과 높은 회복탄력성을 형성하는 데 필수적이다. 불안하고 위협적인 환경에서는 어떤 학습도 효과적으로 이루어질 수 없다.

- **실천 팁**: 아이의 감정을 판단하지 말고, "네가 속상했겠구나."처럼 감정을 있는 그대로 인정해 준다.

- **사례**: 아이가 실수했을 때, "괜찮아, 누구나 실수할 수 있어. 네 마음이 어땠는지 이야기해 줄래?"라고 물어본다.

7) 가정의 분위기와 언어 습관은 아이의 사고를 결정한다

가정 내에서 자주 오가는 언어와 분위기, 감정 표현 방식은 아이의 사고 방식과 표현력에 큰 영향을 준다. 비판보다 격려가, 명령보다 대화가, 일방적 지시보다 협의가 중심이 되는 가정은 아이의 자율성과 사고력을 함께 길러 주어 창의적이고 능동적인 사고 구조가 발달한다.

- **실천 팁**: 명령이나 지시 대신, "네 생각은 어때?", "이 문제를 어떻게 해결하면 좋을까?"와 같은 열린 질문을 자주 사용한다.

- **사례**: 가족이 함께 식사하며 오늘 있었던 일을 돌아보고, 각자의 생각을 자유롭게 나누는 시간을 갖는다.

8) AI 시대, 가정교육의 새로운 역할

AI와 융합교육 시대에는 감성 지능, 공감, 창의적 문제 해결 능력 등 인간적 특성이 더욱 중요해지고 있다. 가정에서 감정 조절, 공감, 협업, 자기 주도적 학습 습관을 길러 주는 것이 미래 인재의 핵심 역량을 키우는 토대가 된다.

- **실천 팁**: 일상 속에서 아이가 스스로 문제를 해결하도록 격려하고, 가족 프로젝트나 토론을 통해 창의적 사고와 협업 능력을 함께 키운다.

- **사례**: 가족이 함께 AI나 융합기술에 관한 다큐멘터리를 시청하고, 각자 느낀 점과 생각을 나누는 시간을 마련한다.

아이는 가정에서 인성을 기르고, 사회적 기술을 익히며, 자기 주도적인 태도를 형성해 나간다. 결국 가정교육이 바로 설 때, 아이의 미래도 밝게 열릴 수 있다. 부모는 자녀 인생에서 가장 오랜 시간 동안 영향을 미치는 본질적인 교육자다. 그래서 오늘의 부모 역할과 가정환경은 아이의 평생 역량과 삶의 질을 결정짓는 중요한 토대라는 사실을 결코 간과해서는 안 된다. 가정에서 비롯된 교육은 단지 시작에 그치지 않고, 아이의 전 생애를 이끌어주는 지속적인 힘이 된다. 부모의 작은 실천과 일상 속 모범이 자녀의 평생 역량과 삶의 질을 결정짓는다.

2. 가정교육이 아이의 전인적 성장에 미치는 영향

"가정에서 자란 '인성'이 세상을 이긴다!"

가정교육은 단순히 생활습관을 바로잡거나 학습을 돕는 것에 그치지 않는다. 더 깊은 차원에서 아이의 정체성, 정서, 태도, 가치관, 인생관까지 아우르며 전인적 성장의 토대를 마련하는 결정적인 역할을 한다. 부모의 말 한마디, 표정 하나, 반응 방식, 그리고 일상에서의 양육 태도는 아이의 내면세계를 형성하고, 세상을 바라보는 시각에 깊은 영향을 미친다. 아래는 가정교육이 아이의 성장에 구체적으로 미치는 영향이다.

1) 자아 존중감 강화

부모의 인정과 격려, 수용적인 태도는 아이에게 '나는 소중한 존재다.'라는 확신을 심어 준다. 이런 경험은 자존감 형성의 핵심이 되고, 실패를 경험하더라도 쉽게 무너지지 않고 회복탄력성을 갖추는 데 큰 역할을 한다.

- **실천 팁**: 아이가 실수했을 때 "괜찮아, 누구나 실수할 수 있어. 네가 노력한 점이 정말 자랑스러워."라고 말해 본다.

- **사례**: 아이가 그림 대회에서 상을 받지 못했을 때, 결과 대신 "네가 즐겁게 그린 과정이 정말 멋졌어."라고 격려한다.

2) 학습 동기 부여

부모가 아이의 학습 과정에 진심으로 관심을 갖고 함께 참여하면, 학습은 의무가 아니라 즐겁고 의미 있는 활동이 된다. 질문에 귀 기울이고, 노력에 대해 칭찬하는 부모의 태도는 내재적 동기를 촉진한다.

- **실천 팁**: "오늘 학교에서 어떤 재미있는 일이 있었어?"처럼 열린 질문을 자주 건넨다. "왜 공부 안 해?"보다는 "요즘 어떤 걸 배우고 있어? 재미있는 게 있었어?"라고 묻는 것이 더 효과적이다.

- **사례**: 아이가 새로운 주제를 배우기 시작할 때, 부모가 함께 관련 도서를 찾아보고 토론하는 시간을 가진다.

3) 사회성 향상

가정에서 경험하는 대화 방식, 문제 해결, 갈등 조정은 사회성 발달에 직접적인 영향을 준다. 정서적으로 안정된 아이는 친구와의 관계에서도 공감과 협력, 배려의 태도를 자연스럽게 실천한다. 부모의 경청과 공감적 태도는 아이에게 자연스럽게 전해진다.

- **실천 팁**: 아이가 속상한 일을 이야기할 때 판단하지 않고 "그랬구나, 정말 속상했겠다."라고 먼저 공감한다.

- **사례**: 형제 간 다툼이 있을 때 부모가 중재자가 되어 서로의 감정을 표현하게 하고, 함께 해결책을 찾도록 돕는다.

4) 도덕적 기준 형성

부모는 아이에게 가장 처음 만나는 윤리 교사다. 정직, 책임, 배려, 정의 같은 도덕적 가치들은 말보다 부모의 행동과 선택을 통해 자연스럽게 배운다. 부모가 실수를 인정하고 사과하는 모습은 아이에게 자기 성찰과 도덕적 용기를 가르친다.

- **실천 팁**: 부모가 실수했을 때 아이 앞에서 "엄마가 잘못했어. 미안해."라고 솔직하게 사과한다.

- **사례**: 약속을 지키지 못한 상황에서 이유를 설명하고, 다음에는 어떻게 할지 아이와 함께 약속을 다시 세운다.

5) 성격 및 인격 발달

지속적으로 존중받고 수용되는 환경에서 자란 아이는 자기 자신을 긍정적으로 인식하고, 타인과의 관계에서도 안정감과 공감 능력을 갖추게 된다. 비난이 아닌 설명, 명령이 아닌 협의를 경험한 아이는 자기 주도적이면서도 공감 능력이 높은 성숙한 인격체로 성장할 가능성이 크다.

- **실천 팁**: 규칙을 정할 때 "왜 이런 규칙이 필요한지" 아이와 함께 이야기하고, 의견을 반영한다.

- **사례**: 가족회의에서 아이도 자신의 생각을 자유롭게 말할 수 있도록 기회를 준다.

6) 학업 성취도 향상

정서적으로 안정되고 자기 효능감이 높은 아이는 학습에도 더 긍정적인 태도와 높은 몰입을 보인다. 부모의 안정적 지원, 기대, 격려는 아이에게 '나는 할 수 있다.'는 신념과 끈기를 심어주고, 이는 실제 학업 성취로 이어진다. 특히 결과보다 과정을 중시하는 부모의 태도가 장기적인 성장에 긍정적인 영향을 준다.

- **실천 팁**: 결과보다 '노력한 과정'을 구체적으로 칭찬한다. 예를 들어 "문제를 풀기 위해 여러 방법을 시도한 점이 정말 인상적이야."라고 하며, 과정에서 보인 끈기와 창의적인 시도를 구체적으로 칭찬해 준다.

- **사례**: 시험 성적이 기대에 못 미쳤을 때 "이번엔 어떤 점이 어려웠는지, 다음엔 어떻게 준비하면 좋을지 함께 생각해 보자."고 제안한다.

7) 미래 역량 및 AI 시대의 인간적 성장

AI 시대를 살아갈 아이들에게는 창의적 사고, 감성 지능, 공감 능력 등 인간적 역량이 더욱 중요해지고 있다. 가정에서의 열린 대화, 다양한 경험 제공, 실패에 대한 긍정적 태도는 아이가 미래 사회에서 요구되는 융합적 사고와 인간적 가치를 갖추는 데 큰 밑거름이 된다.

- **실천 팁**: 가족이 함께 새로운 기술이나 사회 이슈에 대해 토론하고, 각자의 생각을 존중하는 분위기를 만든다.

- **사례**: 아이와 함께 사회봉사, 창의적 프로젝트, 코딩 등 다양한 활동을 경험하며, 실패와 도전을 자연스럽게 받아들이는 태도를 키운다.

가정교육은 아이의 전인적 성장의 시작점이자, 평생을 좌우하는 핵심 기반이다. 부모의 작은 말과 행동, 일상 속 선택이 아이의 미래를 밝히는 등불이 된다.

Chapter 2

좋은 부모가 되려면 혁명이 필요하다

"아이들이 당신 말을 듣지 않는다고 걱정하지 말고,

아이들이 항상 당신을 지켜보고 있다는 사실을 걱정하라."

_로버트 풀검

오늘날 우리는 AI, 빅데이터, 디지털 플랫폼 같은 첨단 기술이 사회 전반을 빠르게 바꾸는 시대에 살고 있다. 이런 변화 속에서 부모의 역할도 근본적으로 달라져야 한다. 예전처럼 획일적인 교육이나 통제 중심의 양육만으로는 더 이상 아이들의 미래를 제대로 준비시킬 수 없다.

특히 AI 시대에는 감성 지능, 공감 능력, 창의적 문제 해결력 같은 인간적인 역량이 더욱 중요해지고 있다. 부모도 스스로 계속 배우고 성장하는 자세를 갖추고, 실용적 기술과 통합적 사고, 인간다운 품성을 함께 키워 주는 교육적 동반자로 거듭나야 한다.

진정한 부모혁명은 단순히 양육 방식만 바꾸는 것이 아니라, 부모 자신의 의식과 철학, 그리고 삶의 태도 전체를 변화시키는 데서 시작된다. 아이들은 부모의 말보다 행동에서 더 많은 것을 배우기 때문에, 부모가 스스로 성장하고 변화하는 모습을 보여 줄 때 아이 역시 주체적으로 미래를 개척할 힘을 기르게 된다.

1. 자녀 교육을 위한 부모혁명 10가지 실천

"내 아이의 미래를 바꾸는 10가지 '부모혁명 실천법'
지금 당장 변화에 동참하세요!"

1) 창의성과 문제해결 능력 키우기

창의적 사고와 문제 해결력은 AI 시대에 인간만이 가질 수 있는 경쟁력이다. 부모는 자녀가 틀에 갇히지 않고, 다양한 시각에서 문제를 바라보고 해결책을 찾을 수 있도록 개방형 질문, 과학, 기술, 공학, 예술, 수학, 그리고 창의적 실험 등 여러 경험을 제공해야 한다.

- **실천 팁**: 아이와 함께 실패한 프로젝트를 돌아보고 "무엇을 다르게 해 볼 수 있을까?"라고 질문하는 부모의 태도는 창의적 문제 해결력의 시작이다. 또는 "다음에는 어떻게 해 볼까?"라고 물으며 다양한 해결책을 찾는 가족 아이디어 회의 시간을 가져보는 것도 좋다. 블록 쌓기, 역할극, 과학 실험 등 창의적 놀이를 일상에 적극적으로 도입해 보자.

2) 기술적 역량과 디지털 시민의식 키우기

AI 시대의 문해력은 곧 디지털 역량이다. 자녀가 미래 사회의 주체로 성장하려면 코딩, 디지털 리터러시, 정보 검색과 분석 능력이 필수다. 부모는 자녀가 기술에 익숙해지도록 도와주고, 온라인에서 윤리적이고 책임 있게 행동하는 디지털 시민의 태도도 함께 가르쳐야 한다.

- **실천 팁**: 자녀와 함께 간단한 코딩 게임이나 데이터 시각화 활동을 해 보며 기술적 감각을 키우는 동시에, 댓글 문화나 사이버 예절, 프라이버시 보호, 온라인 소통의 윤리성, 비판적 정보 해석 등 디지털 윤리 교육을 병행해 보자.

3) 자기 주도적 학습 습관 기르기

정보가 넘쳐나는 시대에는 '무엇을 아느냐.'보다 '어떻게 배우느냐.'가 더 중요하다. 부모는 자녀가 스스로 질문하고 탐구하며, 학습 계획을 세우는 자기 주도적 학습 습관을 기를 수 있도록 환경을 만들어 줘야 한다. 지나치게 간섭하기보다는 독립성과 책임감을 키워 주는 지원이 바람직하다.

- **실천 팁**: 주간 학습 계획을 아이가 직접 세우고, 부모는 피드백만 해 주는 방식이 효과적이다. 목표 사다리 그리기, 학습 일지 작성, 자기 점검표 활용 등으로 자율성을 키워 주자.

4) 실생활 적용과 경험 중심 교육

책 속 지식보다 실제 경험을 통해 배우는 것이 더 중요하다. 부모는 자녀가 프로젝트, 체험 학습, 사회참여 활동 등을 통해 직접 부딪히고 배우는 기회를 제공해야 한다. 이런 실천적 교육은 자녀의 문제 해결력과 실무 적응력을 높여 준다.

- **실천 팁**: 아이가 관심 있는 주제로 미니 프로젝트를 기획하고, 가족 발표회를 열어 보자. 지역사회 봉사, 현장 견학, 가족 내 역할 분담 프로젝트도 적극 활용해 보자.

5) 윤리적·사회적 가치 교육

기술이 발전할수록 인간다운 가치가 더 중요해진다. 부모는 자녀가 타인을 배려하고 사회적 책임을 다하며, 정의와 윤리를 중시하는 성숙한 시민으로 자라도록 인성과 공동체 의식을 가르쳐야 한다. 다양성과 포용성도 함께 길러야 할 중요한 가치다.

- **실천 팁**: 가족 내 역할 바꾸기, 공동체 봉사, 다양한 친구들과의 교류를 통해 다양성과 포용, 책임과 연대의 가치를 일상에서 실천하고 대화하자.

6) 자기 개발과 성장 지원

끊임없이 변하는 시대에 자녀가 자신을 돌아보고 성장하려는 내적 동기를 갖도록 돕는 것이 부모의 중요한 역할이다. 자녀가 자신의 강점과 약점을 이해하고, 삶의 목표를 세우며, 꾸준히 자기 계발을 할 수 있도록 격려하고 지원해야 한다. 경쟁보다는 자기 비교와 성찰 중심의 평가로 격려하자.

- **실천 팁**: "어제보다 오늘 더 나아졌다."는 성장 중심의 칭찬을 자주 해 주고, 자기 평가와 성찰 일기를 함께 써 보자.

7) 감정 지능(EQ)과 회복 탄력성 키우기

AI가 대체할 수 없는 또 하나의 영역은 감정이다. EQ는 협업, 리더십, 갈등 조정, 공감 등 미래 사회의 핵심 역량이다. 자녀가 자기감정을 인식하고 조절하며, 타인의 감정에 공감할 수 있도록 정서적 지능 발달을 도와야 한다. 실패와 좌절을 딛고 다시 일어서는 회복 탄력성도 함께 길러야 한다.

- **실천 팁**: 아이가 힘든 일을 겪었을 때 조언보다 먼저 "그 상황에서 어떤 기분이었니?"라고 공감하며 들어 주고, 감정일기 쓰기, 감정 카드 게임 등으로 감정 표현을 연습하자.

8) 평생 학습자 정신 기르기

변화하는 시대에는 배움이 평생 이어져야 한다. 기술은 계속 바뀌고, 직업도 사라지거나 새로 생긴다. 이런 세상에서 살아남으려면 배움에 대한 지속적인 태도가 필요하다. 부모는 학습이 특정 시기에만 필요한 것이 아니라 평생 이어져야 한다는 점을 알려주고, 스스로 배우는 모습을 보여주며 자녀가 자연스럽게 평생학습의 중요성을 느끼게 해야 한다.

- **실천 팁**: 가족 독서 시간, 온라인 강의 공동 수강, 새로운 취미 도전 등 부모와 자녀가 함께 배우는 경험을 꾸준히 만들어보자.

9) 융합적 사고력과 협업 능력 키우기

미래 사회는 복잡한 문제를 다양한 분야의 사람들과 협력해 해결하는 능력을 요구한다. 부모는 자녀가 여러 관점에서 생각하고, 타인과 협력해 공동 목표를 이루는 경험을 다양하게 하도록 지도해야 한다.

- **실천 팁**: 가족 역할 분담 프로젝트, 팀워크가 필요한 보드게임, 친구들과의 협동 과제, 다양한 분야 전문가와의 만남 등 융합적 사고와 협업의 기회를 자주 제공하자.

10) 진로 설계와 역량 기반 진로탐색 지원

부모는 자녀가 단순히 직업을 고르는 데 그치지 않고, 자신의 적성과 흥미, 가치관을 고려해 장기적인 진로를 설계할 수 있도록 도와야 한다. 진로는 성적이 아니라 역량과 정체성을 바탕으로 설계되어야 하며, 부모는 조언자보다는 조력자의 자세로 자녀를 곁에서 응원해야 한다.

- **실천 팁**: "너는 뭐가 되고 싶어?"보다 "너는 어떤 문제를 해결하는 사람이 되고 싶어?"와 같이 질문하고, 진로 관련 도서 읽기, 직업 체험, 멘토링, 진로 캠프 등 실질적인 경험을 함께 계획하자.

위의 10가지 실천은 자녀가 AI 시대에 꼭 필요한 창의성, 실용적 기술, 감성 지능, 융합적 사고, 평생학습 역량을 갖춘 미래형 인재로 성장하는 든든한 토대가 된다. 부모의 통찰력과 꾸준한 실천이 자녀의 잠재력을 온전히 꽃피우는 길임을 잊지 말자.

2. 부모가 먼저 배우고 성장하려는 모습을 보여 주세요

"부모가 끊임없이 배우고 성장해야 자녀도 성장합니다.
진짜 부모혁명은 오늘, 여러분의 '행동 선언'으로 시작됩니다."

인공지능 시대의 자녀교육은 과거의 틀을 넘어서, 본질적으로 새로운 원칙과 방향을 요구한다. 이제 부모는 자녀에게 단순히 지시하거나 통제하는 존재가 아니라, 미래를 함께 설계하는 동반자이자, 배움을 지원하고 격려하는 촉진자, 그리고 삶의 의미와 가능성을 함께 탐색하는 따뜻한 안내자가 되어야 한다.

부모가 먼저 유연한 사고와 학습의 자세를 갖추고, 변화하는 세상을 열린 마음으로 받아들일 때, 아이 역시 불확실한 미래 속에서 자신만의 길을 주체적으로 찾아갈 힘을 얻게 된다. 감성 지능과 공감 능력, 창의적 문제 해결력 등 인간적 역량을 함께 길러주는 부모의 역할이 그 어느 때보다 중요해졌다.

부모의 변화와 성장은 곧 자녀의 성장으로 이어지고, 이는 미래를 주도적으로 준비할 수 있는 가장 든든한 토대가 된다. 지금 이 순간, 부모가 먼저 배우고 성장하려는 모습을 보여 줄 때, 아이들은 그 모습에서 삶의 방향과 용기를 얻는다. 바로 이것이 인공지능 시대를 살아가는 우리가 실천해야 할 자녀교육의 새로운 패러다임이자, 진짜 '부모 혁명'의 시작임을 잊지 말자.

—

Chapter 3

부모의 변화가
아이의 잠재력을 깨운다

"자녀는 부모를 닮는다.

그러니 아이가 되길 바라는 모습이 먼저 되세요."

_데이비드 블라이

부모는 자녀의 삶에 가장 깊고 오래 영향을 주는 첫 번째 교사이자, 인생의 길을 밝혀 주는 중요한 길잡이다. 특히 4차 산업혁명과 AI 시대를 살아갈 아이들에게 부모의 선택과 태도, 그리고 교육적 역량은 자녀의 미래를 결정짓는 핵심 요인이 된다.

변화가 빠른 시대일수록 자녀의 방향을 함께 고민하고, 그 여정을 함께 걷는 부모의 역할이 더욱 중요해지고 있다. 부모가 열린 자세로 끊임없이 자기 성장에 힘쓰고, 변화에 유연하게 대응하는 태도를 보일 때, 자녀에게도 긍정적인 영향이 전해진다. 이런 부모의 모습은 아이가 불확실한 미래를 주도적으로 준비할 수 있는 내적 힘의 토대가 된다.

결국 자녀의 미래를 바꾸는 진정한 '부모력'은 사랑과 지혜, 실천을 갖추어 아이가 스스로 자신의 길을 찾고 성장할 수 있도록 지혜롭게 길을 밝혀 주는 데 있다. 바로 여기서 오늘날 우리가 마주한 새로운 교육적 과제가 시작된다.

1. 미래형 인재로 성장시키는 10가지 부모력

"최고의 부모가 보여 주는 10가지 미래형 능력,
모두 아이의 DNA가 된다."

1) 교육적 지원 - 배움의 기반 다지기

부모는 자녀가 자유롭게 탐구하고 학습할 수 있도록 환경을 만들어 준다. 쾌적한 학습 공간을 마련하고, 독서 습관을 기르며, 유익한 자료를 제공하고 다양한 학습 활동에 함께 참여한다. 심리적으로 안전하면서도 자극이 있는 환경을 조성하는 것이 중요하다. 이런 노력이 자녀의 학업 성취도와 평생학습의 기초를 튼튼히 한다.

- **실천 팁**: 부모가 먼저 실패를 배움의 일부로 받아들이는 모습을 보여 주고, 매일 가족이 함께 '오늘 배운 점'을 나누는 시간을 가져 본다.

2) 감정적 지원 - 정서적 안전망 되어 주기

정서적 안정은 두뇌 발달과 학습 능력에 큰 영향을 준다. 자녀가 실수하거나 좌절할 때, 부모가 공감하고 받아 주는 태도는 자존감을 높이고 감정 조절 능력을 키워 준다. 감정적으로 안정된 환경에서 자란 아이는 자신감 있게 도전하고 두려움 없이 성장한다.

- **실천 팁**: 아이가 감정을 표현할 때 판단하지 않고 "네 마음이 이해돼."와 같이 감정을 인정해 주는 말을 사용한다. 감정일기를 함께 써 보는 것도 좋다.

3) 모범적 행동 - 부모의 삶이 자녀의 거울

부모는 말보다 삶으로 보여 주는 리더십이 중요하다. 정직, 책임감, 예의, 자기관리 등 부모가 일상에서 실천하는 모습이 자녀에게 그대로 전달된다. 부모가 자신의 감정을 건강하게 조절하고 문제를 해결하는 모습을 보이면, 자녀도 자연스럽게 그런 태도를 배운다.

- **실천 팁**: 자녀 앞에서 언행을 일치시키고, 실수했을 때는 솔직하게 인정하고 사과하는 모습을 보여 준다.

4) 자기관리 능력 교육 - 스스로 조율하는 힘 키우기

시간 관리, 감정 조절, 식습관, 경제 개념 등 일상에서의 자기관리는 성인기의 삶의 질과 직결된다. 부모는 자녀가 자신의 생활을 주도적으로 통제하고 계획할 수 있도록 조언과 훈련 기회를 제공해야 한다.

- **실천 팁**: 자녀와 함께 일일계획표, 감정 다이어리, 소비기록장을 만들어 직접 실습하고, 주기적으로 점검하면서 피드백을 나눈다.

5) 사회적 네트워크 형성 - 더불어 살아가는 능력 기르기

자기중심성을 벗어나 타인을 존중하고 협력하는 자세는 공동체 의식과 리더십의 토대가 된다. 부모는 자녀가 건강한 대인관계를 맺고 사회 속에서 소통할 수 있도록 다양한 사회적 경험의 기회를 제공한다. 또래 교류, 지역사회 활동, 가족 외부 모임 등을 통해 사회성을 키운다.

- **실천 팁**: 가족 봉사활동, 친구 초대 모임, 지역사회 행사 참여 등 다양한 사회적 활동을 함께 계획하고 실천한다. 온라인 커뮤니티나 동아리 활동도 적극 활용한다.

6) 목표 설정과 자기계발 지원 - 자아 성취의 나침반 되기

자녀가 스스로 삶의 목표를 세우고, 그 목표를 이루기 위해 노력할 수 있도록 돕는 것이 부모의 중요한 역할이다. 자녀의 관심과 강점을 존중하고, 자기계발을 위한 시간과 자원을 아낌없이 지원한다.

- **실천 팁**: "네가 가장 몰입했던 순간은 언제였니?", "그걸 더 잘하려면 어떤 걸 해 보고 싶니?"와 같은 질문으로 자녀의 내면을 탐색하고, 목표 달성을 위한 구체적 계획을 함께 세운다.

7) 디지털 리터러시와 기술 감수성 키우기

AI 시대에는 디지털 기술, 정보 활용 능력, 데이터 이해력 등 실용적 역량이 미래 생존 역량이 된다. 부모는 자녀가 단순한 기술 소비자가 아니라, 기술을 활용하고 창조할 수 있는 능동적 사용자로 성장할 수 있도록 기술 감수성을 길러 준다.

- **실천 팁**: 자녀와 함께 뉴스 팩트 체크, 코딩 기초 체험, 디지털 마인드 맵 만들기, 온라인 정보의 신뢰성 평가 등 실전 중심의 디지털 교육을 함께한다.

8) 비판적 사고력과 창의성 개발

정보가 넘쳐나는 시대에는 정보를 분석·평가하고 자신만의 의견을 만드는 비판적 사고가 중요하다. 동시에 새로운 아이디어를 도출하고 연결하는 창의성도 필요하다. 부모는 자녀에게 다양한 질문을 던지고, 다양한 관점을 탐색하게 하며, 상상력을 격려한다.

- **실천 팁**: 한 가지 사건에 대해 찬반 토론하기, '만약에' 시나리오 상상하기, 문제 해결 게임이나 창의적 글쓰기 활동을 함께 해 본다.

9) 글로벌 감각과 다문화 이해력 키우기

자녀가 글로벌 사회의 구성원으로 성장하려면 언어 능력뿐 아니라 다양한 문화에 대한 이해와 존중이 필요하다. 해외 교류 경험, 외국 친구와의 교류, 국제 뉴스에 대한 관심을 함께 나누는 부모의 역할이 자녀의 글로벌 시야를 넓힌다.

- **실천 팁**: 다문화 도서 읽기, 다양한 국가 음식 체험, 외국 친구와의 온라인 교류, 영어 이외 다른 언어로 인사 나누기 등으로 자녀의 시야를 넓힌다.

10) 평생 학습자로서의 태도 형성

미래 사회에서는 평생 학습 역량이 필수다. 부모가 스스로 배우고 성장하는 모습을 보여 주는 것이 최고의 교육이 된다. 자녀가 학습을 과정으로 인식하고, 자기 삶을 주도적으로 설계하는 태도를 갖게 하는 데 부모의 평생 학습적 태도가 결정적이다.

- **실천 팁**: 부모가 직접 배우는 모습을 자주 공유하고, 독서·온라인 강의·취미 활동 등 새로운 배움의 경험을 가족 대화의 소재로 삼는다. 가족이 함께 배우는 프로젝트를 기획해 보는 것도 효과적이다.

이러한 부모의 실천은 자녀가 AI 시대에 요구되는 융합적 사고, 실용적 기술, 감성 지능, 공감 능력 등 미래형 역량을 갖춘 인재로 성장하는 데 든든한 밑거름이 된다.

2. '부모력'은 사랑과 지혜 그리고 행동으로 실천하는 힘이다

"부모력은 단순한 사랑이 아닌 지혜와 행동의 총합!
매일 새로운 나로 성장하세요. 그 변화가 곧 내 아이의 가능성입니다."

부모는 자녀에게 가장 오래도록 깊은 영향을 주는 삶의 동반자이자, 세상과 처음 마주하는 첫 번째 교육자다. 자녀를 단순히 '잘 키우는 것'을 넘어서, 스스로 삶의 주인으로 당당하게 자신의 길을 걸어갈 수 있도록 내면의 힘과 삶의 나침반을 키워주는 것, 그것이 바로 진짜 '부모력'의 본질이다.

이제 부모도 멈추지 않는 학습자이며, 자녀의 가능성을 함께 설계하는 동반자로서 끊임없이 성장해야 한다. 부모가 열린 마음으로 배우고 변화에 유연하게 대응할 때, 자녀의 미래 역시 새로운 가능성으로 넓어진다.

결국 자녀의 삶을 긍정적으로 이끄는 진짜 '부모력'이란, 사랑과 통찰, 실천을 함께 갖춰 아이가 스스로 자신의 삶을 설계하고 주도할 수 있도록 조용히, 하지만 확고하게 길을 밝혀 주는 힘이다. 바로 그 순간부터 자녀와 부모의 진정한 동반 성장 여정이 시작된다.

Chapter 4

재능교육은 빠를수록
미래가 명확해진다

"재능은 조기에 발견될 때 가장 깊고 빠르게 성장한다."

진정한 성장은 단순히 키나 몸무게처럼 겉으로 드러나는 신체적 변화만을 의
미하지 않는다. 아이의 내면에 있는 가능성과 잠재력이 자연스럽게 드러나고,
스스로 인생의 방향을 찾아가는 과정이 바로 진정한 성장이다. 이런 의미 있는
성장은 '재능을 일찍 발견하는 것'과 '적성에 맞는 교육'을 통해 시작된다.

많은 부모들이 자녀의 진로나 재능을 중·고등학교 때 고민하기 시작하지만,
실제로는 아이의 기질이나 흥미, 강점, 사고방식 같은 중요한 성향과 잠재력은
유아기부터 서서히 나타난다. 그래서 중요한 것은 단순히 일찍 교육을 시작하
는 것이 아니라, 각 아이의 특성을 잘 살펴보고 맞춤형으로 적성과 재능을 발견
하고 키워 주는 체계적인 지원이다.

아이의 미래를 위한 진짜 준비는 바로 지금 이 순간부터 시작되는 부모의 세심
하고 통찰력 있는 선택과 실천에서 나온다. 부모가 열린 마음으로 적극적으로
지원해 줄 때, 아이는 자신의 재능을 마음껏 펼치고, 불확실한 미래도 자신 있
게 맞이할 수 있는 든든한 토대를 갖게 된다.

1. 조기 재능교육의 10가지 효과와 실전 팁

"자녀의 잠재력은 발견되는 그 순간부터 꽃피기 시작한다!

놓치지 마세요, 아이의 골든타임!"

1) 자아 인식과 자기 이해의 출발점

조기에 적성을 탐색하면 아이가 자신의 내면적 특성과 외부 환경을 연결해 이해하는 데 큰 도움이 된다. 이는 자아정체감의 뿌리를 튼튼하게 하고, 자존감과 자기 효능감을 높이는 데 중요한 역할을 한다. 심리학적으로도 자기개념 형성의 핵심이다.

- **실전 팁**: 아이가 몰입하는 활동이나 자주 흥미를 보이는 순간을 일기처럼 기록하고, 그때의 감정이나 생각을 아이와 함께 대화해보자. 미술, 글쓰기, 역할극 등 다양한 표현 방법을 활용하면 아이의 자기이해가 더 깊어진다.

2) 조기 목표 설정과 계획 수립

적성과 재능을 일찍 발견한 아이는 스스로 목표를 더 빨리 세울 수 있다. 방향이 있는 아이는 계획을 세우고, 선택과 집중의 전략을 갖게 된다. 부모는 목표를 주입하기보다 탐색의 여정에 함께하는 조력자가 되어야 한다. 방향이 분명하면 학습이나 활동에도 전략이 생기고, 자기 주도적인 삶의 기초가 마련된다.

- **실전 팁**: 아이와 함께 꿈 노트나 비전 보드를 만들어 보고, 단기·장기 목표를 시각화하여 보자. 목표는 작은 성공 경험을 쌓을 수 있도록 단계별로 나누어 실천할 수 있게 도와주면 좋다.

3) 학습 동기와 몰입도 상승

적성에 맞는 활동은 아이에게 몰입의 경험을 주고, 학습의 즐거움과 성취감을 자연스럽게 이끌어 낸다. 좋아하고 잘하는 분야에서 배울 때 아이는 훨씬 더 몰입하게 된다. 적성에 맞는 학습은 '공부는 재미없다.'는 고정관념을 깨고, 배움의 즐거움을 자연스럽게 느끼게 한다.

- **실전 팁**: 아이가 좋아하는 분야의 프로젝트나 탐구 활동을 함께 기획해 보자. 과학에 흥미가 있다면 실험 키트, 음악에 관심이 있다면 악기 체험 등 실질적인 경험을 제공하는 것이 효과적이다.

4) 발달 시기의 기회 극대화

아이는 각 연령별로 발달의 적기가 있다. 이 시기에 맞는 자극과 교육을 시작하면 두뇌 발달, 인지 능력, 감정 조절 등 다양한 영역에서 더 빠르고 건강하게 성장할 수 있다.

- **실전 팁**: 연령별 민감기에 맞춘 다양한 체험 활동(언어, 음악, 수리능력, 신체 등)을 계획적으로 제공하자. 지역사회 문화센터, 도서관, 온라인 체험 프로그램 등 다양한 자원을 적극적으로 활용하면 좋다.

5) 시간과 에너지의 효율적 사용

적성을 모른 채 무작위로 활동을 시도하는 것보다, 관찰과 데이터에 근거한 방향 있는 선택이 시행착오를 줄이고 만족감과 성취감을 빠르게 느끼게 해 준다. 조기에 적성을 파악해 집중할 수 있도록 돕는 것이 훨씬 효율적이다.

- **실전 팁**: 적성검사 결과와 아이의 반응을 토대로 우선순위를 정하고, 불필요한 활동은 과감히 줄인다. 주기적으로 활동 목록을 점검하며, 아이와 함께 '무엇을 더 하고 싶은지' 대화해 보는 시간을 갖자.

6) 미래 진로 탐색의 시작

적성과 재능에 대한 조기 이해는 장기적인 진로 탐색과 설계로 자연스럽게 이어진다. 진로는 단순한 직업 선택이 아니라 삶의 방식과 가치관을 설계하는 과정이다. 적성 탐색을 통해 아이가 무엇을 좋아하고, 어떤 방식으로 세상에 기여하고 싶은지 일찍부터 생각할 수 있다.

- **실전 팁**: 다양한 직업 체험, 멘토링, 진로 관련 도서 읽기 등으로 아이의 시야를 넓혀 주자. 관심 분야의 전문가와의 만남이나 체험 활동도 추천한다.

7) 자신감과 자아 존중감 향상

자신의 강점을 알고, 타인과 비교하지 않고 발전시킬 수 있는 교육을 받는 아이는 '나는 할 수 있다.'는 내적 안정감과 자기 확신이 높아진다. 이런 긍정적 자기 인식은 도전 정신과 회복탄력성을 키우는 기반이 된다.

- **실전 팁**: 아이의 작은 성취도 진심으로 인정하고, 실패 경험도 성장의 일부로 받아들이는 태도를 보여 주자. '잘했어.'보다 '네가 노력한 과정이 인상적이야.'처럼 과정 중심의 칭찬이 효과적이다.

8) 학부모와 교사의 맞춤형 지도 가능

객관적 적성검사 분석을 통해 아이의 성향과 재능을 이해하면, 부모와 교사는 아이의 성향에 맞춘 더 효과적이고 개별화된 지도와 지원이 가능하다. 이는 교육의 질을 높이고, 갈등을 줄이며, 아이에 대한 이해를 넓혀 준다.

- **실전 팁**: 적성검사 결과를 토대로 교사와 상담하거나 개별 피드백 시간을 주기적으로 가져 보자. 필요하다면 맞춤형 학습 계획을 함께 설계해 보는 것도 좋다. 학교와 가정이 협력하는 환경이 중요하다.

9) 불필요한 비교와 강요 줄이기

자기만의 성장 기준을 세울 수 있으면 불필요한 경쟁과 좌절을 줄일 수 있다. 적성에 맞지 않는 영역에서 성과를 강요받는 아이는 좌절과 혼란을 겪지만, 자신의 방향을 일찍 찾은 아이는 타인과의 비교가 아니라 자기 성장을 기준으로 삶을 바라보게 된다.

- **실전 팁**: 가족 내에서도 서로 다른 강점과 개성을 존중하는 문화를 만들자. 형제·자매 간 비교를 삼가고, 각자의 성장 여정을 응원하는 대화를 꾸준히 나누는 것이 중요하다.

10) 평생학습 기반 조성

자신의 흥미와 재능을 발견하고 그 성장을 즐기는 아이는 성인이 되어서도 학습을 두려워하지 않고, 스스로 학습의 이유를 찾으며 발전 가능성이 높아진다. 이는 평생학습 역량으로 이어지고, 삶의 질을 높이는 핵심이 된다.

- **실전 팁**: 아이가 궁금해 하는 주제를 함께 탐구하고, 새로운 지식을

배우는 과정을 즐길 수 있도록 도서관 방문, 온라인 강의, 가족 프로젝트 등 다양한 학습 기회를 마련해 주자. 배움이 일상이라는 인식을 심어 주는 것이 핵심이다.

조기 재능 교육은 단순한 선행(先行)이 아닌, 아이의 삶 전반에 긍정적 변화를 이끄는 미래지향적 투자이다. 부모의 세심한 관찰과 꾸준한 실천이 더해질 때, 아이는 자신의 고유한 재능을 꽃피우며 인공지능 시대의 주체적 인재로 성장할 수 있다.

2. 새로운 시대, 달라진 부모로 시작하세요

> "조기의 적성검사와 재능교육은
> 남보다 앞서 나가려는 선행(先行)이 아니라
> 아이의 미래를 멀리 내다보고 준비하는 선견지명(先見之明)이다."

모든 아이는 저마다 재능을 가지고 태어나지만, 그 재능이 제때 발견되지 않으면 점점 빛을 잃기 쉽다. 아이의 재능은 시간이 지나면 저절로 드러나는 것이 아니라, 부모의 세심한 관찰과 과학적이고 체계적인 진단, 그리고 조기에 이루어지는 맞춤형 교육이 함께할 때 비로소 제대로 빛을 발한다. 이런 과정은 아이의 잠재력을 일찍 이해하고, 가능성의 방향을 함께 설계해주는 미래지향적이고 통합적인 실천이다.

특히 요즘처럼 AI가 빠르게 발전하는 시대에는 감성 지능, 공감 능력, 창의성, 융합적 사고, 실용적 기술까지 함께 키우는 교육적 접근이 꼭 필요하다. 이런 다양한 역량을 조기에 발견하고 키우는 일은 아이가 미래 사회에서 주체적으로 성장하는 데 결정적인 밑거름이 된다.

아이의 잠재력과 재능을 더 일찍, 더 정확하게 발견하고 싶다면 바로 지금이 가장 좋은 출발점이다. 그 첫걸음이 자녀의 미래를 긍정적으로 바꿔 주는 가장 강력하고 의미 있는 교육적 투자다. 부모의 통찰력 있는 선택과 꾸준한 실천이 함께할 때, 아이는 자신의 고유한 재능을 마음껏 펼치며 불확실한 미래도 자신 있게 맞이할 수 있다. 이런 준비는 개인의 성장에만 머무르지 않고, 미래 사회에서 인간의 가치를 중시하는 인재로 자라나는 데도 중요한 바탕이 된다.

오늘날과 같이 변화의 속도가 빠른 시대에는 부모의 역할과 책임이 더욱 중요해지고 있다. 자녀의 미래에 가장 큰 영향을 미치는 것은 학교나 사회보다도 가정과 부모이다. 부모의 안목과 통찰력, 그리고 일상 속 행동은 아이의 가치관과 인성, 평생 역량의 기초가 된다. 이제 부모는 단순한 양육자를 넘어 자녀의 적성과 재능을 발견하고, 각자의 강점과 흥미, 진로를 스스로 설계할 수 있도록 지원하는 동반자가 되어야 한다.

가정은 아이가 처음 만나는 '작은 사회'이자 정체성과 기본 생활 습관, 사회적 기술, 감성 지능, 자기주도성, 정서적 안정의 토대가 되는 첫 번째 학교이다. 부모는 아이에게 본보기가 되어 말로만이 아니라 행동과 태도를 통해 도덕성과 사회적 규범, 자기관리 능력까지 자연스럽게 전수한다. 열린 대화와 공감, 과정 중심의 칭찬, 감정 수용, 가족 내 역할 분담 등은 건강한 인격 형성의 핵심 요소이다. 특히 AI와 디지털 혁신 시대에는 가정에서 감정 조절, 공감, 창의적 문제 해결력, 협업, 자기주도적 학습 습관, 그리고 인간적인 역량을 키우는 것이 더욱 중요해졌다.

부모는 자녀의 성장 과정에 정서적 안정감과 지지, 인정과 격려를 통해 자존감, 회복탄력성, 자기 효능감, 학습 동기 등 아이의 전인적 발전에 결정적인 영향을 미친다. 또한 아이가 사회성과 도덕성, 긍정적인 마인드를 갖도록 스스로 실천하고, 가족과 사회 속에서 함께 교류하고 협력할 수 있는 기회를 제공한다. 가정교육은 결과 중심보다는 성장과정, 노력을 인정하는 태도가 중요하며, 이를 통하여 자녀는 자기 주도적이고 평생학습자로 성장할 수 있다.

AI와 융합 교육, 감성 지능, 공감, 창의적 사고 등이 미래 인재의 핵심 역량으로 떠오르면서, 부모 역시 스스로 끊임없이 배우며 성장하는 태도가 요구된다. 단순한 지시, 통제가 아닌, 자녀의 잠재력과 특별함을 인식하고 스스로 주도적으로 삶을 살아갈 수 있게 지원하는 촉진자적 역할이 강조된다. 부모가 먼저 자기 성찰과 학습을 실천하는 모습을 보일 때, 아이에게는 배우고 성장하는 삶의 본보기가 된다.

실천으로서의 '부모혁명'은 부모 자신의 의식과 태도, 사고방식, 행동방식까지 전방위적으로 변화시키는 것을 의미한다. 창의성과 문제 해결력, 기술적 역량, 자기 주도적 학습, 실전 경험 중심의 교육, 윤리적·사회적 가치관, 자기 개발, 감정 지능, 평생학습 자세, 융합적 사고, 협업, 그리고 진로 설계 지원 등은 AI 시대 부모가 자녀에게 심어 줄 핵심 역량이다. 열린 질문, 실패를 인정하는 태도, 가족 프로젝트, 디지털 활용, 공동체 봉사, 감정 표현 연습, 자기 평가와 성찰 습관 등은 실생활에서 부모가 실천할 수 있는 구체적 방법이다.

또한 부모의 변화는 자녀의 잠재력과 가능성을 깨우는 결정적 계기가 된다. 교육적·정서적·행동적 지원과 함께, 스스로 배우는 평생학습자의 자세, 모범적 삶의 태도, 자기관리와 사회성, 목표 설정 지원, 디지털 리터러시, 비판적 사고·창의성·글로벌 시야 등 다양한 미래 지향적 능력을 함께 길러야 한다.

특히 아이의 재능과 적성을 조기에 발견하고, 맞춤형 성장 환경을 제공하는 것 역시 부모의 중요한 역할이다. 조기에 재능과 적성을 발견하여 적합한 교육을 지원하면 아이는 자기이해와 자존감, 목표설정, 학습 동기, 몰입, 성장 기회를 최대화할 수 있다. 이는 불필요한 비교와 강요를 줄이고 스스로의 성장 기반과 평생학습 역량을 다지는 데 도움이 된다.

결론적으로, 새로운 시대의 부모는 사랑과 통찰, 꾸준한 실천을 토대로 자녀가 자신의 가능성을 온전히 발휘할 수 있도록 삶의 동반자가 되어야 한다. 이는 한 개인의 성공을 넘어, 미래 사회가 필요로 하는 주체적이고 책임감 있는 인재를 길러내는 데 있어 가장 중요한 바탕이 된다. 부모가 자기 성장에 열려있을 때, 자녀 역시 변화와 도전에 유연하게 대응하며 자기 주도적으로 살아갈 힘을 얻게 된다.

_미래인재적성연구소

PART 5

융합형 인재,
'문제해결 능력'이 핵심이다

"21세기 최고의 능력은

문제를 정의하고 해결하는 능력이다."

_토니 와그너

Chapter 1

노마드형 인재,
이제는 생존 전략이다

"가장 위험한 일은 과거의 성공 방식으로

미래를 준비하는 것이다."

_피터 드러커

현대 사회는 개인이 자신의 역량을 스스로 개발하고, 고정된 틀을 벗어나 다양한 일과 환경을 자유롭게 넘나들며, 끊임없이 성장과 변화를 추구할 수 있는 능력을 요구한다. 특정 조직에 의존하기보다는 자기만의 가치를 바탕으로 일자리를 창출하고, 변화에 민감하게 대응하며, 지식과 경험을 능동적으로 확장해나가는 사람만이 미래 사회에서 경쟁력을 가질 수 있다.

노마드형 인재는 단순히 물리적 공간을 이동하는 유목민을 의미하지 않는다. 이들은 경직된 사고의 틀을 넘어 새로운 가능성을 끊임없이 탐색하며, 유연성과 자율성을 바탕으로 스스로를 재정의하고 재창조하는 존재이다. AI 시대를 살아가는 모든 사람에게 노마드형 인재로의 전환은 선택이 아니라 필수적인 생존 전략이 된다.

1. 노마드형 인재는 누구인가?

"시대의 파도 위에서 자유롭게 이동하는 디지털 노마드는 더 이상 꿈이 아니다.
공간도 시간도 초월해 자신의 가치를 만들어낸다."

'노마드형 인재'는 고정된 환경이나 조직에 얽매이지 않고, 다양한 공간에서 유연하게 일할 수 있는 사람을 의미한다. 이들은 빠르게 변화하는 기술과 도구를 능숙하게 활용하여 창의적으로 문제를 해결하고, 새로운 가치를 창출하는 데 능하다. 종종 '디지털 노마드(Digital Nomad)'로 불리며, 시공간의 제약을 뛰어넘어 글로벌 시장을 무대로 활동하는 새로운 시대의 주역으로 주목받고 있다.

특히 AI 시대의 노마드형 인재는 단순히 기술에 익숙한 사람을 넘어서, 변화에 민감하게 반응하고 복잡한 문제를 창의적으로 해결할 수 있는 역량을 갖춘 사람이다. 이들은 주어진 일을 수행하는 데 그치지 않고, 스스로 업무를 기획하고 주도해 나가는 자기 주도적 태도를 지닌다. 또한 글로벌 마인드셋을 바탕으로 다양한 문화권에서 원활하게 소통하고 협업할 수 있으며, 지속적인 자기 성찰과 자기 계발을 통해 높은 수준의 전문성과 책임감을 발휘한다.

노마드형 인재로 성장하기 위해서는 단순한 기술 습득에 머무르지 않고, 융합적 사고력과 문화 간 소통 능력, 자율적인 학습 태도, 창의적인 문제 해결력, 그리고 변화에 대한 유연한 적응력을 함께 갖추어야 한다. 이러한 역량은 단지 변화에 대응하기 위한 생존 수단이 아니라, AI 시대를 주도하고 스스로 새로운 미래를 설계하는 데 있어 핵심적인 경쟁력이 된다.

2. 노마드형 인재의 10가지 핵심 역량

경쟁력을 결정하는 10가지 미래 지향 역량!

1) 유연성과 적응력

노마드형 인재에게 가장 기본적인 자질은 변화에 유연하게 대응할 수 있는 능력이다. 이는 단순히 변화에 순응하는 태도를 넘어서, 변화 그 자체를 기회로 인식하고 능동적으로 활용하는 사고방식을 의미한다. 급변하는 기술 환경, 다양한 조직 문화, 새로운 업무 방식 등에 빠르게 적응하는 능력은 불확실성이 큰 시대에서 경쟁력을 확보하는 데 필수적인 요소이다.

2) 기술 활용 능력과 디지털 리터러시

4차 산업혁명 시대의 핵심은 기술이다. 노마드형 인재는 AI, 데이터 분석, 소프트웨어, 디지털 마케팅 등 다양한 최신 기술을 익히고 실무에 적용할 수 있어야 한다. 특히 프롬프트 엔지니어링과 같은 AI 활용 역량은 향후 대부분의 업무에서 기본 소양으로 요구된다. 단순한 기술의 사용을 넘어, 기술의 흐름을 빠르게 파악하고 혁신적 결과를 도출하는 능력이 중요하다.

3) 자기 주도성과 자기관리 능력

노마드형 인재는 상사의 지시 없이도 스스로 목표를 설정하고, 계획을 수립하며, 실행과 평가까지 주체적으로 수행할 수 있어야 한다. 시간 관리, 우선순위 조정, 자기 성과 점검 등의 자기관리 능력은 비정형적이고 자율적인 업무 환경에서 필수적으로 요구된다. 자기 주도성은 곧 개인의 성장 경로를 스스로 개척할 수 있는 역량으로 연결된다.

4) 창의성과 문제해결 능력

AI 시대에는 반복적이고 정형화된 작업이 자동화되는 만큼, 인간 고유의 창의성과 직관이 더욱 중요해진다. 노마드형 인재는 기존의 고정관념을 넘어 문제를 새롭게 정의하고, 혁신적이며 실질적인 해결책을 제시할 수 있어야 한다. 창의력은 단순한 아이디어 발상이 아니라, 복잡한 문제에 대해 유의미한 해결방안을 도출하는 실천적 능력이다.

5) 커뮤니케이션 및 협업 능력

원격근무와 비대면 협업이 일반화된 시대에서는 효과적인 소통 능력이 핵심 역량으로 떠오른다. 노마드형 인재는 온라인 협업 툴을 능숙하게 다루는 것뿐만 아니라, 다양한 문화와 배경을 가진 사람들과 신뢰를 바탕으로 협업할 수 있는 능력을 갖추어야 한다. 이는 정보 전달을 넘어서 집단 내 공동의 목표를 이해하고 함께 성과를 내는 데 필요한 사회적 역량이다.

6) 글로벌 마인드 셋과 문화 간 소통력

노마드형 인재는 국경을 초월한 활동을 전제로 한다. 따라서 세계 각국의 다양한 문화와 가치관을 이해하고 존중하는 태도, 그리고 다문화 환경에서의 원활한 의사소통 능력이 중요하다. 영어를 비롯한 외국어 능력뿐만 아니라, 문화적 맥락을 읽고 조율할 수 있는 감각은 글로벌 시장에서의 협업과 진출에 중요한 기반이 된다.

7) 지속적 자기개발과 학습 민첩성

AI 시대는 빠르게 변화하는 기술과 산업 환경에 대응할 수 있는 학습 역량을 요구한다. 노마드형 인재는 새로운 지식과 기술을 신속하게 습득하고, 실무에 적용할 수 있는 실전형 학습 태도를 가져야 한다. 평생학습을 통해 스스로를 끊임없이 발전시키고, 학습을 일상화하는 자세는 미래 사회에서 살아남기 위한 중요한 경쟁력이 된다.

8) 회복탄력성과 정서적 안정

불확실성이 높은 시대일수록 회복탄력성은 중요한 역량이 된다. 노마드형 인재는 실패나 위기 상황에서도 쉽게 좌절하지 않고, 이를 새로운 도약의 계기로 삼을 수 있어야 한다. 정서적 안정, 긍정적인 마인드, 낙관적 태도는 어려운 상황에서도 꾸준히 성과를 내는 데 큰 도움이 되며, 자기조절 능력은 장기적인 성장의 기반이 된다.

9) 윤리의식과 기술사용에 대한 책임감

기술이 사회 전반에 막대한 영향을 미치는 시대에는 기술을 사용하는 사람의 윤리적 판단력이 매우 중요하다. AI의 편향 문제, 개인정보 보호, 지속가능성 등의 이슈에 대해 인식하고 책임감 있는 행동을 실천하는 태도는 노마드형 인재의 기본 자질이다. 신뢰받는 전문가로 성장하기 위해서는 단순히 기술을 잘 다루는 것을 넘어서, 사회적 책임을 함께 고려해야 한다.

10) 다중 정체성과 포트폴리오형 경력 설계 능력

노마드형 인재는 하나의 직무나 소속에 얽매이지 않고, 다양한 경험과 역할을 병행하며 자신만의 경력을 설계해 나간다. 이러한 포트폴리오형 경력은 급변하는 시장 환경 속에서 유연하게 대응할 수 있는 전략이며, 다양한 전문성을 융합하여 새로운 가치를 창출하는 원천이 된다. 다중 정체성을 기반으로 스스로의 경력 자산을 확장하는 역량은 미래형 인재의 필수 조건이다.

이상 10가지 역량은 AI와 함께 살아가는 시대에 있어 단순한 기술적인 능력을 넘어서, 자기 주도성, 창의성, 윤리의식, 유연한 사고를 고루 갖춘 인재로 성장하기 위한 핵심 조건들이다. 노마드형 인재는 이와 같은 역량을 기반으로 변화의 중심에서 미래를 설계하고 주도할 수 있는 주체적 존재로 자리매김하게 된다.

3. 노마드형 인재의 길 - 가능성과 잠재력을 펼칠 수 있는 기회의 여정!

"디지털 노마드의 길은 모든 벽을 기회의 문으로 바꾸는 힘!
경계를 뛰어넘는 당신이 바로 인공지능 시대의 주인공입니다."

인공지능 시대는 단순한 기술의 발전을 넘어서 인간의 사고방식과 삶의 방식을 근본적으로 새롭게 정의하는 문명적 전환기이다. 이러한 급격한 변화의 흐름 속에서, 안정적인 조직이나 고정된 일자리에만 의존하는 전통적인 삶의 방식은 더 이상 지속 가능한 모델로 기능하기 어렵다.

현대 사회는 개인이 자신의 고유한 가치를 스스로 창출하고, 주체적으로 진로를 설계하며, 변화하는 환경 속에서도 유연하게 대응할 수 있는 인재상을 요구한다. 이러한 인재를 '노마드형 인재'라고 하며, 이들은 기존의 틀에 갇히지 않고 자유롭고 독립적인 방식으로 일하며 살아가는 경향을 보인다. 노마드형 인재의 길은 결코 평탄하지 않지만, 그 과정 속에서 오히려 더 큰 자유를 누리고, 자신의 가능성과 잠재력을 온전히 펼칠 수 있는 기회를 얻는다.

AI 기술이 빠르게 확산되는 오늘날, 인간 고유의 감성 지능, 공감 능력, 창의적 사고력, 윤리적 판단력은 그 어느 때보다 중요한 역량으로 주목받고 있다. 기술적 전문성과 함께, 다양한 분야를 융합하는 통합적 사고력, 실용적인 기술을 꾸준히 익히고 적용하는 태도도 중요하게 요구된다. 더불어 변화에 능동적으로 적응하고, 자신만의 신념과 가치를 지키면서도 타인과 협력할 수 있는 태도 역시 미래 사회에서의 핵심 경쟁력으로 작용한다.

따라서 지금은 변화 앞에서 머뭇거릴 때가 아니라, 변화의 중심을 향해 당당히 나아가야 할 시점이다. 모든 사람은 스스로 삶을 이끌어가는 창조자로서, AI 시대가 펼쳐 나가는 새로운 질서 속에서 자기만의 길을 능동적으로 개척해야 한다.

변화는 두려워할 대상이 아니라, 새로운 가능성으로 향하는 문이다. 각자의 위치에서 혁신의 주체로 참여하고, 끊임없는 성장과 탐구를 통해 미래 사회를 이끌어 갈 준비를 갖추는 태도가 필요하다.

—

Chapter 2

메타인지,
문제해결의 핵심역량이다

"AI 시대의 학습은 일회성이 아니라 평생의 여정이다.

메타인지는 평생학습의 태도를 심어 주고,

새로운 지식과 기술을 꾸준히 추구하게 한다."

인공지능 기술이 비약적으로 발전하고 있는 오늘날, 인간에게 요구되는 역량
은 단순히 많은 정보를 알고 있는 능력에서 벗어나, 문제를 어떻게 인식하고 해
결하는가에 초점이 맞춰지고 있다. 이러한 시대적 흐름 속에서 가장 중요하게
요구되는 역량은 문제 해결력이다. 그리고 이 문제 해결력의 중심에는 메타인
지(Meta-cognition)가 존재한다.

메타인지는 자신의 사고 과정을 객관적으로 인식하고 이를 조절하는 능력으
로, 복잡한 문제 상황에서 효과적인 전략을 수립하고 실행하는 데 결정적인 역
할을 한다. 따라서 AI 시대에서는 메타인지적 사고 능력을 바탕으로 한 자기 성
찰과 전략적 사고가 핵심적인 자질로 자리 잡는다.

1. 왜! 문제해결의 핵심역량인가?

"스스로 모르는 것을 인지하고, 실수를 빠르게 교정하는 능력,
즉각 배우고 변화하는 것, 그것이 곧 무한경쟁 시대의 생존전략이다."

인공지능 시대에 인간에게 진정으로 요구되는 핵심역량은 바로 '메타인지'이다. 메타인지(Meta-Cognition)는 '생각에 대한 생각(Thinking about thinking)'이라는 개념으로, 1979년 미국의 심리학자 존 플라벨(John Flavell)에 의해 체계적으로 정립되었다. 이 개념은 단순히 지식을 알고 있는 상태를 넘어, '내가 무엇을 알고 있으며 무엇을 모르고 있는가.', '지금 내 사고가 어떤 지점에서 멈추고 있는가.', '이 문제를 해결하기 위해 어떤 전략이 필요한가.', 그리고 '그 전략을 어떻게 조정하고 개선할 수 있는가.'에 대한 성찰과 판단을 포함한다.

메타인지는 자기 성찰적 사고를 가능하게 하며, 학습의 질을 높이는 동시에 자기 주도적 학습을 촉진한다. 또한 창의적인 문제 해결과 비판적 사고의 기반이 되는 사고방식이다. AI가 방대한 데이터를 빠르게 분석하고 복잡한 계산을 정교하게 수행하는 시대에, 인간만이 지닌 고유한 경쟁력은 자신의 사고 과정을 인식하고 조절하며, 새로운 상황에 따라 사고의 방향을 유연하게 전환할 수 있는 능력에 있다.

이러한 메타인지 능력은 인간이 자신의 사고 흐름을 추적하고 조율할 수 있도록 하며, 실패를 단순한 좌절로 받아들이는 것이 아니라, 학습의 기회로 전환하게 만든다. 동시에 변화하는 문제 상황 속에서도 전략을 수정하고 창의적인 해결책을 탐색하는 사고 유연성을 제공한다.

따라서 교육의 방향은 '무엇을 공부했느냐.'를 묻는 것에서 '어떻게 공부하고 있느냐.'를 묻는 것으로 전환되어야 한다. 이와 같은 질문은 아이의 사고방식에 깊은 영향을 주며, 학습의 방향과 구조를 근본적으로 변화시키는 전환점이 될 수 있다. 아이에게 진정한 학습의 힘을 길러 주기 위해서는, 스스로를 성찰하고 성장시키는 질문을 던질 수 있는 환경을 마련해 주는 것이 중요하다. 이것이 메타인지의 본질이며, AI 시대를 살아갈 아이들에게 반드시 필요한 지적 자산이다.

2. 메타인지의 특성

문제 해결의 맥락과 과정을 객관적으로 점검

실패를 빨리 발견하고, 즉시 새로운 전략을 시도

학습법을 스스로 선택해 효율의 극대화

메타인지는 학습을 보다 깊이 있고 효과적으로 수행하기 위한 자기 조절적 사고 능력이다. 이는 단순히 지식을 축적하는 수준을 넘어서, 자신의 사고 과정을 자각하고 능동적으로 조절할 수 있는 고차원적인 인지 역량을 의미한다. 메타인지 능력을 갖춘 학습자는 자신의 이해 수준을 점검하고, 문제 해결 전략을 계획·수행·평가하는 전 과정을 통합적으로 관리할 수 있다. 메타인지가 지닌 대표적인 특성은 다음과 같다.

1) 자기 인식(Self-awareness)

자기 인식은 자신의 사고 상태, 학습 습관, 정서적 반응 등을 객관적으로 자각하는 능력이다. 예를 들어 "나는 이 문제 유형을 어려워한다.", "지금 집중이 흐트러지고 있다."와 같은 판단은 자기 상태를 정확히 인지하고 있다는 증거이다. 이는 모든 메타인지 활동의 출발점으로, 자기 진단과 문제의 재 정의로 이어진다. 학습자는 자신의 상태를 명확하게 표현하면서 문제 해결의 첫 걸음을 내디딜 수 있다.

2) 자기 통제(Self-regulation)

자기 통제는 학습 목표를 설정하고, 전략을 선택·실행하며, 상황에 따라 이를 조절하는 능력이다. 예를 들어 "이 문제는 반복 학습이 필요하니 계획을 세워야겠다.", "생각이 막혔으니 전략을 바꿔야겠다."와 같은 판단은 스스로 학습 과정을 조율할 수 있는 사고를 보여 준다. 이는 집중력, 인내력, 계획성과도 밀접한 관련이 있으며, 장기적으로는 학습 지속성과 연결된다. AI는 통제된 알고리즘에 따라 학습하지만, 인간은 상황에 따라 유연하게 전략을 조정할 수 있다는 점에서 차별성을 가진다.

3) 전략적 사고(Strategic Thinking)

전략적 사고는 학습이나 문제 해결 과정에서 가장 적절한 방법을 선택하고 상황에 따라 이를 수정할 수 있는 사고 능력이다. 예를 들어 "이 글은 요점 파악이 어렵다. 밑줄을 치며 읽자." 또는 "실수를 줄이기 위해 검토 단계를 추가하자."는 판단은 학습 효율을 높이기 위한 전략적 접근이다. 반복보다는 상황에 맞춘 맞춤형 전략 수립이 중요하며, 학습자가 어떤 전략이 자신에게 가장 잘 맞는지를 파악하는 과정이 포함된다.

4) 자기 평가(Self-assessment)

자기 평가는 자신의 학습 결과나 사고 과정을 비판적으로 성찰하고 피드백하는 능력이다. 예를 들어 "이 방법은 효과적이지 않았구나.", "다음에는 더 쉬운 문제부터 접근해야겠다."와 같은 반응은 자기 성찰을 행동변화로 연결시키는 중요한 사고 과정이다. 이러한 평가 능력은 실패나 오류를 성장의 발판으로 전환할 수 있도록 하며, 피드백 기반의 학습 순환 구조를 형성하는 데 기여한다.

5) 학습 전이(Transfer of Learning)

학습 전이는 한 분야에서 습득한 전략이나 사고방식을 다른 맥락이나 과목에 적용하는 능력이다. 예를 들어 "영어 독해할 때 사용한 요약 전략을 역사 공부에도 적용해 보자."는 판단은 사고의 방식을 확장하고 적용할 수 있는 능력을 보여 준다. 이는 메타인지 능력의 완성 단계로, 단편적인 기술 습득을 넘어 사고 그 자체를 유연하게 활용할 수 있을 때 가능한 고차원적 사고이다. AI는 훈련된 영역을 벗어나면 오류 가능성이 높아지는 반면, 인간은 다양한 맥락에 따라 사고를 전환할 수 있는 유연성을 갖는다.

6) 결론: 메타인지는 평생 성장을 위한 핵심 역량이다

메타인지 능력은 단기적인 성적 향상에만 영향을 주는 기술이 아니라,

개인의 평생에 걸친 성장 가능성을 결정짓는 핵심 역량이다. 이 능력의 시작은 아이가 스스로 자신의 사고와 행동을 인식하고, 이를 조절하며 성찰할 수 있는 환경에서 비롯된다.

성적보다 더 중요한 것은 아이가 스스로 생각하는 힘을 기르고, 문제 상황에 직면했을 때 스스로 해법을 탐색할 수 있도록 돕는 것이다. 이러한 사고력은 부모의 섬세한 질문, 수용적인 태도, 그리고 열린 학습 환경 속에서 길러진다.

아이의 메타인지 능력을 키우기 위한 가장 강력한 토양은 결국, 사고를 자극하는 언어와 함께하는 믿음 어린 대화에서 출발한다. AI 시대를 살아갈 아이들에게 꼭 필요한 자산은 바로 스스로 사고하고, 성찰하며, 성장할 수 있는 힘이다.

3. 메타인지의 적용 사례

메타인지는 단순한 지식의 활용을 넘어서, 자신의 사고 과정을 자각하고 조절하며, 이를 보다 효과적인 전략으로 전환하는 고차원적인 사고 능력이다. 이는 다양한 연령대와 상황 속에서 구체적으로 실천될 수 있으며, 실제 삶과 학습, 업무 현장에서 유의미한 변화를 이끌어낸다. 다음은 메타인지가 어떻게 현실 속에서 발현되는지를 보여 주는 사례들이다.

1) 사례 1. 유치원생 - 놀이와 문제 상황 속 메타인지 발달

5세 유아가 블록을 쌓는 놀이 도중 탑이 반복적으로 무너지는 상황을 경험한다. 교사가 다음과 같은 질문을 통해 사고를 유도한다.

"탑이 왜 무너졌을까?"
"아래 블록이 흔들려서 그런 것 같아요."
"그럼 다음엔 어떻게 하면 좋을까?"
"아래에 큰 블록을 놓고 위에 작은 걸 놓을래요."

이 과정은 유아가 자신의 행동을 되돌아보고 원인을 파악하며, 다음에 적용할 전략을 스스로 도출하는 사고 훈련이다. 유아기에는 추상적 표현보다는 구체적인 경험과 질문을 통해 메타인지가 발달하며, 정답을 알려주기보다 사고를 유도하는 질문이 효과적이다.

2) 사례 2. 초등학생 - 시험공부와 자기 점검 능력

초등학교 4학년 학생이 사회 시험을 준비하면서 벼락치기 방식으로 공부했지만 좋은 성과를 얻지 못한다. 이후 교사와 함께 학습 과정을 성찰하는 대화를 나눈다.

"어떻게 공부했니?"
"그냥 책만 여러 번 읽었어요."
"그 방법이 잘 기억에 남았을까?"
"아니요. 외웠는데 금방 잊어버렸어요."
"그럼 다음엔 어떻게 해 볼 수 있을까?"
"중요한 내용을 요약하고, 질문을 만들어 보는 게 좋을 것 같아요."

이 사례는 학생이 자신의 공부 전략의 비효율성을 인식하고, 이를 개선하기 위한 새로운 방식을 스스로 도출한 경우이다. 초등학생은 피드백 기반의 자기 점검 능력이 자라기 시작하는 시기로, "왜?", "어떻게?"라는 질문을 통해 사고를 유도하면 학습의 주체로 성장할 수 있다.

3) 사례 3. 학습 상황 - 수학 공부 중인 고등학생

수학 문제를 반복해서 풀지만 실수가 계속되는 고등학생이 있다. 이 학생이 메타인지 능력을 발휘하면 다음과 같은 사고 과정을 거친다.

인지: "계산 실수를 반복하고 있다."
조절: "문제를 풀고 바로 넘어가지 말고, 검산하는 습관을 들여야겠다."
평가: "검산을 하니 실수가 줄었다. 효과가 있다."

이 사례는 실수의 원인을 자각하고, 이를 해결하기 위한 전략을 도입해 문제 해결력을 향상시킨 경우이다. 메타인지 능력이 향상되면 반복 학습에 대한 의존도가 줄어들고, 보다 효율적인 학습 전략이 정착된다. 따라서 학습 지도 시에는 "왜 실수했을까?", "다음에는 어떻게 해 볼 수 있을까?"와 같은 질문을 통해 사고의 순환을 유도하는 것이 중요하다.

4) 결론: 메타인지는 실천 가능한 사고 역량이다

이와 같이 메타인지는 단순한 지식이나 이론에 머무르지 않고, 실제 생활과 학습, 업무 현장 전반에서 실천 가능한 사고 역량으로 기능한다. 연령과 상황을 불문하고, 사고를 돌아보고 조정하며 개선하려는 의식적인 노력이 메타인지 발달의 핵심이다.

따라서 학습자, 부모 모두가 메타인지적 사고를 생활 속에서 실천하고 발전시킬 수 있도록, 사고를 자극하는 질문과 성찰의 기회를 마련하는 것이 중요하다. 메타인지 능력은 미래 사회를 살아가는 데 있어 가장 근본적이고 지속 가능한 경쟁력 중 하나이다.

4. 교육적으로 바라본 메타인지의 시사점

메타인지 교육 = 미래인재 탄생의 지름길!

"정답을 가르치는 교육은 끝났다.

이제는 스스로 배우고, 점검하고, 혁신하는 힘을 길러야 한다."

메타인지는 청소년이나 성인에게만 필요한 능력이 아니다. 유아기와 아동기에도 충분히 관찰되고 체계적으로 길러질 수 있는 인지적 역량이다. 특히 이 시기의 아이들은 구체적인 경험을 바탕으로 사고하는 경향이 강하기 때문에, 메타인지를 효과적으로 키우기 위해서는 정답을 직접 알려 주는 방식보다는 사고를 유도하는 질문과 스스로 성찰할 수 있는 기회를 제공하는 접근이 필요하다.

예를 들어, 아이가 문제를 해결하거나 과제를 수행한 이후에는 단순히 "맞았니?", "틀렸니?"라고 묻기보다는 다음과 같은 질문이 더욱 효과적이다.

"이 문제를 어떻게 풀 생각이었니?"
"다른 방법으로도 풀 수 있을까?"
"이번에 잘 안 된 이유는 뭐라고 생각해?"

"다음에는 어떻게 해 보면 좋을까?"

이러한 질문은 아이가 자신의 사고방식, 전략 선택, 결과 평가 과정을 스스로 되돌아볼 수 있도록 돕는다. 이를 통해 아이는 점차 자기 주도적인 학습자로 성장할 수 있는 기반을 마련하게 된다.

특히 초등학교 시기는 메타인지 능력이 본격적으로 발달하는 결정적 시기이므로, 이 시기의 교육 환경은 사고의 결과보다 사고의 과정에 주목하는 방향으로 설계되어야 한다. 아이가 실수를 했을 때에도 단순히 지적하거나 질책하기보다는, "왜 그런 선택을 했을까?", "그다음엔 어떻게 하면 좋을까?"와 같은 질문을 통해 실패 속에서도 자기 성찰과 전략 수정을 유도할 수 있어야 한다.

이러한 접근은 단순히 문제 해결력을 향상시키는 데 그치지 않고, 자존감과 감정 조절 능력, 사회성 발달에도 긍정적인 영향을 미친다. 메타인지는 아이의 전인적 성장을 촉진하는 데 중요한 교육 전략으로 작용하며, 나아가 미래 사회를 주체적으로 살아갈 수 있는 인간으로 성장할 수 있도록 돕는 핵심적인 토대가 된다.

5. 메타인지 - AI 시대, 인간을 인간답게 만드는 힘

"AI 시대, 자녀를 상위 1%로 만드는 결정적 차이 ─ 메타인지!"

오늘날 우리는 인공지능(AI)이 인간의 역할을 빠르게 대체해 나가는 전환의 시대에 살고 있다. AI는 방대한 정보를 실시간으로 처리하고, 인간보다 훨씬 정교하게 패턴을 분석하며, 복잡한 계산을 단숨에 수행할 수 있다. 그러나 아무리 뛰어난 AI라 하더라도 결코 갖추지 못하는 능력이 있다. 그것은 자기 생각을 돌아보고, 반성하며, 스스로를 조정하는 힘, 즉 메타인지(Meta-Cognition)이다.

메타인지는 단순한 학습 기술이 아니라, 인간이 인간답게 성장하고 살아가기 위한 근본적인 정신적 역량이다. 이 능력은 자신의 실수를 회피하지 않고 받아들이며, 그 원인을 분석하고, 다음에 더 나은 선택을 위한 전략을 스스로 설계하는 능력을 포함한다. 메타인지의 이러한 힘은 단지 시험 성적 향상에 그치지 않고, 인생 전반에 걸쳐 문제를 주체적으로 해결하는 핵심 역량으로 작용한다.

오늘날은 정보의 양이나 지식 습득 속도만으로 경쟁력이 결정되는 시대가 아니다. 중요한 것은 어떻게 사고하고, 어떻게 배우며, 어떻게 성장해 나가는가 하는 사고의 과정이다. 따라서 교육도 단순히 빠른 정답을 알려 주는 방식에서 벗어나, 아이가 스스로 자신의 사고 과정을 되돌아볼 수 있도록 돕는 질문 중심의 교육으로 전환되어야 한다. 사고를 확장시키는 대화와 사고 친화적인 환경이 필요하다.

아이들이 실패를 두려워하지 않고, 그 과정을 통해 배우며, 자신의 생각과 행동을 주체적으로 성찰하고 개선해 나갈 수 있도록 격려하는 것이 중요하다. 이것이야말로 AI시대에도 인간만이 지닐 수 있는 고유한 능력이자, 인간다움을 지키는 본질적인 방식이다.

AI가 아무리 정교해지더라도, 깊이 있는 성찰과 유연한 사고, 삶의 맥락을 고려한 인간적인 판단력은 결코 대체되지 않는다. 그렇기에 지금 이 순간부터라도 자신의 생각을 의식적으로 관찰하고 조정하는 메타인지 연습을 시작하는 것이 필요하다. 이는 AI시대를 능동적으로 살아가기 위한 핵심역량이며, 진정한 미래형 인재로 성장하는 첫걸음이 된다.

—

Chapter 3

창의성과 감성의 시대,
'우뇌'에 답이 있다

"가장 중요한 것은 질문을 멈추지 않는 것이다.
호기심은 그 자체만으로도 존재 이유를 가진다."
_알버트 아인슈타인

'우뇌혁명'이라는 말은 단순히 뇌 과학적인 개념을 넘어, 시대의 흐름이 논리 중심에서 감성과 창의력 중심으로 바뀌고 있다는 걸 보여 준다. 이제는 상상력, 공감, 감성적인 통찰력, 그리고 복잡한 문제를 통합적으로 바라볼 수 있는 시각이 더욱 중요한 사회로 전환되고 있는 것이다.

특히 AI가 논리적이고 분석적인 일들을 빠르게 대체하는 지금, 인간만이 가진 우뇌의 능력, 즉 창의력과 감성, 직관, 예술적 상상력은 그 자체로 큰 경쟁력이 된다. 이런 역량은 인간만의 고유한 가치이자, 조직과 사회의 진정한 혁신을 이끄는 원동력이 된다.

우리는 이제 단순히 정보를 소비하는 시대를 지나, 우뇌의 힘을 바탕으로 새로운 가치를 창조하고, 복잡한 문제를 넓고 깊게 통합하며, 감성과 공감을 통해 더욱 인간적인 연결을 만들어가는 시대에 살고 있다.

1. 좌뇌 vs 우뇌 - 두 반구의 조화

"좌뇌의 분석력과 우뇌의 창의력,
두 개의 엔진을 장착한 인재만이 앞서가는 시대의 주인공이 된다."

우리의 뇌는 하나의 통합된 기관이지만, 좌뇌와 우뇌가 서로 다른 역할을 하면서 인간의 사고와 행동에 독특한 조화를 만들어낸다. 전통적으로 좌뇌와 우뇌는 다음과 같이 기능이 나뉜다.

좌뇌는 언어 처리와 논리적 사고, 수리 능력, 분석, 계획, 시간 관리에 강하다. 또한 객관적인 판단과 순차적인 문제 해결, 사회적 언어 소통, 정확한 사실 인식에 중요한 역할을 한다. 기존의 교육과 업무 환경은 주로 좌뇌 중심의 능력을 중시해 왔고, 분석력, 정확성, 계획성 같은 역량이 사회적 성공의 기준처럼 여겨졌다.

반면, 우뇌는 시각적·공간적 인식, 감성, 직관, 상상력, 창의력과 같은 기능을 담당한다. 비선형적이고 연결적인 사고를 통해 예술적 감성, 공감 능력, 비언어적 소통 등 감성적이고 통합적인 면에서 중요한 역할을 한다. 우뇌는 '보는 힘'과 '느끼는 힘'을 기반으로 예술, 디자인, 창의적 기획 등의 영역에서 중심적인 역할을 한다.

오늘날의 복잡하고 예측이 어려운 사회에서는 기존의 논리 중심의 좌뇌적 사고만으로는 해결할 수 없는 문제들이 점점 더 많아지고 있다. 변화와 혁신, 그리고 인간적인 가치가 강조되는 AI 시대에는 좌뇌와 우뇌의 조화로운 활용이 필수적이다. 즉, 논리와 감성, 분석과 상상력이 균형을 이루어야 진정한 혁신이 가능해진다.

이제는 좌뇌의 체계적인 사고력과 우뇌의 창의적 통찰이 유기적으로 결합될 때, 비로소 복잡한 문제를 해결하고, 진정한 혁신과 인간다운 가치를 실현할 수 있다.

2. 우뇌혁명은 창의성과 감성 시대의 신호탄!

"창의성은 새로운 것을 생각해 내는 것이고,

혁신은 새로운 것을 실행하는 것이다."

_시어도어 레빗

우뇌혁명은 인간의 뇌 기능 중 우뇌의 역할과 가치가 사회 전반에서 재조명되며, 인간의 창의성과 상상력이 중심이 되는 사회를 나타내는 개념이다. 단순히 뇌의 기능적 구분을 넘어 사회 전반에 걸쳐 근본적인 패러다임이 바뀌고 있음을 의미한다. 이제는 기존의 지식과 논리 중심의 좌뇌적 사고에 의존하던 사회에서 벗어나 감성, 직관, 상상력, 공감 능력과 같은 우뇌의 특성을 핵심 가치로 삼는 새로운 시대정신을 반영한다.

이 개념은 단순히 뇌의 좌·우 기능 구분에 머무르지 않는다. 특히 4차 산업혁명과 같은 기술 혁신 시대에는 반복적이고 표준화된 작업을 기계와 인공지능이 담당하는 반면, 인간은 창의적 융합 사고와 감성 지능을 바탕으로 차별화된 가치를 창출하게 된다.

우뇌혁명의 핵심 요소로는 타인의 감정을 이해하고 정서적 교류를 형성하는 감성 및 공감 능력, 새로운 아이디어를 창출하고 직관적으로 문제를 해결하는 창의성과 상상력, 서로 다른 영역의 지식과 경험을 결합하여 새로운 가치를 만드는 융합적 사고, 데이터와 논리를 넘어서는 감각적 이해와 미래 예측 능력으로 변화와 기회를 선제적으로 포착하는 직관적 통찰이 있다.

이와 같은 패러다임 전환은 교육, 산업, 문화 전반에 영향을 미치고 있다. 교육 분야에서는 암기 위주의 지식 전달 방식에서 벗어나, 창의력과 감성을 기르는 교육, 그리고 체험과 몰입을 통한 두뇌 전반 활성화 교육이 확산되고 있다. 산업 분야에서는 인공지능과 자동화 기술이 인간의 논리적·반복적 업무를 대체하면서, 예술적 감각·창조성·공감 능력과 같은 역량의 가치가 높아지고 있다. 문화 영역에서는 감성, 의미, 스토리텔링, 놀이와 같이 인간 중심적 경험과 가치가 재평가되고 있다. 이러한 변화는 사회 전반에서 인간 중심의 가치관을 강화하는 방향으로 전개되고 있다.

결과적으로 우뇌혁명은 기술이 대체할 수 없는 인간의 고유 능력을 중심에 두고, 사회 전반을 인간 중심의 가치관으로 재편해 가는 과정이라 할 수 있다.

우뇌혁명은 정보와 지식 중심의 사회에서 감성, 창의성, 직관, 공감 능력을 중시하는 사회로 전환되는 현상을 의미한다. 이는 좌뇌 중심의 사회에서 벗어나, 좌·우뇌가 조화롭게 발휘되는 양뇌 시대로의 발전을 시사한다. 4차 산업혁명 시대를 살아가는 인간에게 우뇌적 특성은 기술이 대체할 수 없는 핵심 경쟁력이 되며, 미래 사회의 방향성을 제시하는 중요한 패러다임으로 작용한다.

3. 우뇌혁명이 이끄는 창의적 사회의 사례

기술 혁신 융합, 교육, 비즈니스, 기술과 예술의 융합, 자유로운 표현 등 다양한 영역에서 우뇌적 사고의 영향력은 점점 커지고 있다. 아래에서는 각 분야별로 우뇌 중심의 창의성이 어떻게 구체적인 변화를 만들어내고 있는지 보여 주는 실제 사례들이다.

1) 기술 혁신과 융합

AI, AR / VR, 메타버스 등 첨단 기술은 단순한 계산을 넘어서 인간의 감각과 상상력을 시각화하고 있다. 예를 들어, AI 기반 창작도구인 DALL·E, 미드저니(Midjourney) 등은 누구나 텍스트로 이미지를 생성할 수 있게 하여, 개인의 상상력을 현실로 구현하는 시대를 열었다. AR / VR 기술은 예술, 교육, 의료 등 다양한 분야에서 몰입형 경험을 제공하며, 메타버스는 현실과 가상의 경계를 허물고 새로운 형태의 사회적 상호작용을 가능하게 한다. 이러한 기술 발전은 감성과 창의성이 결합될 때, 새로운 경험과 혁신이 만들어진다.

2) 창의 중심 교육

문제 중심 학습(PBL), 디자인 씽킹, STEAM 교육 등은 정답을 찾는 것이 아니라 새로운 문제를 정의하고 해결하는 능력을 강조한다. 예를 들어, 핀란드의 교육 시스템은 학생들이 팀 프로젝트, 예술, 실험, 토론 등 다양한 창의적 활동을 통해 사고의 폭을 넓히도록 돕는다. 국내에서는 공학교육혁신센터, 창의융합교육센터 등이 STEAM 교육을 도입하여, 학생들이 이론과 실습, 감성과 논리를 융합하는 경험을 제공하고 있다. 이러한 교육 방식은 오감, 직관, 감성에 기반 한 우뇌적 사고를 자극하여, 미래 사회가 요구하는 창의적 인재를 양성하는 데 큰 역할을 하고 있다.

3) 비즈니스 혁신

애플, 테슬라 등 혁신 기업은 창의성과 직관이 조직 전략과 제품 개발, 브랜드 포지셔닝에 결정적 역할을 하고 있다. 스티브 잡스는 디자인과 감성, 사용자 경험을 중시하며, 기술과 예술의 융합을 통해 혁신을 이끌었다. 테슬라의 일론 머스크는 기존 자동차 산업의 한계를 뛰어넘는 상상력과 직관으로 전기차, 우주산업, 에너지 분야에서 새로운 패러다임을 제시한 대표적인 사례이다. 패션업계에서는 크리에이티브 디렉터(우뇌형)와 브랜드 매니저(좌뇌형)가 협력하여, 창의성과 논리, 감성과 전략이 조화를 이루는 양뇌형 조직 문화를 만들어 가고 있다. 이처럼 비즈니스 혁신의 중심에는 우뇌적 창의성과 직관이 자리를 잡고 있다.

4) 기술과 예술의 융합

디지털 아트, 인터랙티브 미디어, AI 예술 등은 기술과 감성의 융합을 통해 새로운 창작 영역을 개척하고 있다. 예를 들어, 팀랩(teamLab) 같은 디지털 아트 그룹은 관람객의 움직임에 반응하는 인터랙티브 전시를 선보이며, 예술과 기술의 경계를 허물고 있다. AI 작곡가, AI 화가 등은 인간의 상상력과 기계의 계산 능력이 결합된 새로운 예술적 표현을 가능하게 한다. 이처럼 기술과 예술의 융합은 창작의 방식과 결과물을 혁신적으로 변화시키며, 예술의 사회적 영향력도 확대하고 있다.

5) 다양성과 자유로운 표현

우뇌의 핵심 가치인 다양성과 표현의 자유는 창의적 사회의 기반이 되며, 개인의 독창성과 감정이 존중받을 때 진정한 혁신이 실현된다. 예를 들어, 다양한 젠더, 인종, 문화적 배경을 가진 예술가와 창작자들이 자유롭게 자신만의 이야기를 표현할 수 있는 환경이 마련될 때, 사회 전체의 창의성이 극대화된다. SNS, 유튜브, 팟캐스트 등 디지털 플랫폼은 누구나 자신의 생각과 감정을 자유롭게 공유할 수 있게 하여, 집단지성과 새로운 문화 트렌드를 이끄는 중요한 도구로 작용하고 있다. 이처럼 다양성과 자유로운 표현이 보장될 때, 창의적 사회는 더욱 풍요롭고 역동적으로 발전하게 된다.

4. 우뇌혁명은 행복한 내일을 만들어 가는 새로운 문명의 시작!

"우뇌혁명은 감성과 창의성 시대의 신호탄!
이제 공감력·상상력이 경쟁력이다."

우뇌혁명은 인간다움을 회복하고, 더 행복한 미래로 나아가는 새로운 문명의 출발점이다. 오늘날에는 단순히 많은 지식을 쌓는 것만으로는 미래를 준비할 수 없다. 인공지능이 빠르게 발전하면서, 인간만이 가진 창의성, 감성, 직관 같은 능력의 중요성이 더욱 커지고 있다. 이런 능력의 근본적인 토대가 바로 우뇌이다.

우뇌혁명은 단순히 생각하는 방식이 바뀌는 것에 그치지 않는다. 인간의 인식 구조와 문명 자체가 새롭게 바뀌는 큰 변화다. 이제는 정해진 정답을 빠르게 찾는 좌뇌 중심의 사고만으로는 충분하지 않다. 오히려 새로운 질문을 던지고, 그 안에서 의미를 찾으며, 창의적인 해결책을 상상하고 실현할 수 있는 우뇌적 사고가 꼭 필요하다.

특히 AI가 지식과 정보를 빠르게 대체하는 지금, 감성 지능과 공감 능력, 융합적 사고력은 사회와 조직, 교육 현장에 새로운 혁신의 원동력이 되고 있다. 상상력과 창의성, 감성과 공감이 중심이 되는 사회는 더 인간적이고, 지속 가능하며, 풍요로운 미래로 나아갈 수 있다.

우뇌혁명은 인간다움을 회복하고 모두가 행복한 내일을 만들어가는 새로운 문명의 시작이다. 앞으로 우리는 창의적 상상력, 감성적 통찰, 협력적 실행력을 바탕으로 AI와 공존하며 서로의 가치를 극대화하는 미래로 나아가야 한다. 우뇌적 역량을 존중하고 키우는 사회는 다양성과 포용, 자유로운 표현과 소통이 살아 있는 건강한 공동체를 만든다. 상상력과 감성, 공감의 힘이 사회 곳곳에 스며들 때, 우리는 기술의 발전을 넘어 진정한 인간 중심의 문명을 이룰 수 있다.

이처럼 우뇌혁명은 우리 모두가 더 넓은 시야와 깊은 통찰, 따뜻한 마음으로 미래를 설계하는 창조적 리더가 되는 길임을 알 수 있다.

Chapter 4

독서는 창의성을 키우는
마음의 근육이다

"독서는 두뇌를 자극하고 창의성과 상상력을 불러일으킨다.
많이 읽을수록 새로운 것, 새로운 의견, 다양한 관점에
마음이 열린다."

우리는 현재 인공지능이 인간의 사고와 판단의 영역까지 빠르게 확장하고 있는 시대에 살고 있다. 이러한 시대에 인간에게 진정으로 요구되는 역량은 바로 창의성이다. 그리고 그 창의성의 가장 깊은 원천은 독서이다. 독서는 상상력을 자극하고 사고의 깊이를 확장시키며, 세상을 자신만의 시각으로 바라볼 수 있는 내면의 힘을 길러 주는 소중한 경험이다.

따라서 오늘날 독서는 단순한 교양을 넘어 창의적 인간으로 성장하기 위한 필수적 자양분임을 다시 한 번 깊이 새길 필요가 있다. 독서를 통해 인간은 스스로 질문을 던지고, 상상력과 비판적 사고를 키우며, 변화하는 세상 속에서 자신만의 길을 주체적으로 설계할 수 있는 힘을 얻게 된다. 결국 독서의 힘은 인공지능 시대를 살아가는 우리 모두에게 가장 소중한 창의성의 원천임을 잊지 않아야 한다.

1. 인공지능 시대, 왜 독서가 중요한가?

"AI가 첨단일수록, 인간만의 내적 성장과 감성 성숙은 독서에서 시작된다.
독서로만 가능한 비판적 사고, 창의성, 공감,
자기 성찰의 힘을 놓치지 마라."

인공지능은 이미 방대한 정보를 신속하게 처리하고 분석하는 능력에서 인간을 능가하고 있다. 하지만 창의성, 감성, 직관과 같은 인간만이 지닌 고유한 역량은 여전히 인공지능이 대체할 수 없는 영역으로 남아 있다. 새로운 아이디어를 만들어 내고, 타인의 마음에 공감하며, 상징과 의미를 창조하는 능력은 깊은 사유와 감성적 자극에서 비롯되며, 이를 계발하는 데 가장 효과적인 방법이 바로 독서이다.

독서는 단순한 정보 습득을 넘어, 타인의 감정을 이해하고 삶의 다양한 맥락을 이해하는 공감 능력, 그리고 유연하게 사고를 확장하고 연결할 수 있는 창의적 사고력을 길러 준다. 또한 독서를 통해 접하는 다양한 이야기들은 상상력을 자극하고, 자신의 생각과 감정을 더 섬세하고 정교하게 표현할 수 있는 능력을 키워 준다. 특히 아동기와 청소년기의 독서 경험은 언어 능력과 두뇌 발달을 넘어서, 감정 조절 능력과 창의적 사고 형성에 결정적인 영향을 미친다.

다양한 연구 결과에 따르면, 어릴 때부터 폭넓게 독서를 경험한 아이들은 성인이 되었을 때 창의력과 문제 해결력에서 더 뛰어난 모습을 보이는 것으로 나타나고 있다. 인공지능 시대가 본격화됨에 따라 교육 현장에서도 독서의 중요성은 더욱 강조되고 있다. 세계 유수의 혁신기업 리더들 또한 독서를 가장 강력한 자기 성장의 도구로 꼽으며, 빠르게 변화하는 환경에 능동적으로 대응하는 핵심 자양분으로 독서를 실천하고 있다.

특히 인공지능이 인간의 감성과 공감 능력을 대체할 수 없는 현시점에서, 독서는 타인의 삶과 생각, 다양한 문화와 가치를 접하며 인간적 특성을 심화시키는 가장 본질적인 훈련이 된다. 독서는 통합적 사고와 융합적 관점을 키우고, 실용적 기술과 창의적인 문제 해결력을 기르는 데에도 결정적인 역할을 한다. 또한 독서는 단순한 지식의 습득을 넘어, 자기 성찰과 비판적 사고, 그리고 미래를 주도하는 인재로 성장하기 위한 핵심 역량을 함양하는 기반이 된다.

결국 인공지능 시대에 독서는 인간만이 가진 창의성과 감성, 통합적 사고를 키우는 가장 본질적인 경쟁력으로 작용하며, 개인과 사회 모두를 변화시키는 강력한 원동력이 된다.

2. 독서가 창의성을 키우는 10가지 이유

"책을 읽는 자가 내일의 AI 시대를 이끈다!
AI가 대답하는 세상, 질문을 주도하는 창의적 인간이 되자!"

독서는 창의성을 기르는 데 가장 효과적이고 깊이 있는 방법 중 하나다. 책을 읽는 과정에서 우리는 상상력을 자극받고, 다양한 아이디어와 관점을 접하며, 문제를 해결하는 힘과 공감 능력, 표현력을 키울 수 있다. 또한 독서를 통해 우리는 자기 자신을 깊이 성찰하고 내면의 창의성을 발견하며 성장하게 된다.

1) 상상력 자극

책을 읽는 순간, 독자는 글로 표현된 내용을 머릿속에서 자유롭게 그려 보게 된다. 등장인물의 모습, 배경, 상황 등을 스스로 상상하면서 현실에서는 경험할 수 없는 다양한 세계를 간접적으로 체험한다. 이러한 상상력 훈련은 예술, 과학, 비즈니스 등에서 새로운 아이디어를 떠올리는 데 중요한 기반이 된다. 특히 판타지나 공상과학 소설은 현실의 한계를 넘어서는 상상력을 키우는 데 효과적이다.

2) 새로운 아이디어의 원천

독서는 다양한 분야의 지식, 철학, 이야기, 사고방식을 접할 기회를 준다. 한 권의 책이 새로운 세계를 열어주며, 여러 분야의 책을 읽으면서 얻은 아이디어들이 서로 융합되어 전혀 새로운 발상이나 창조적 해법으로 이어질 수 있다. 예를 들어, 과학자가 문학작품에서 영감을 얻거나, 예술가가 과학책에서 창작의 실마리를 찾는 것처럼, 독서는 예상치 못한 연결과 통찰을 제공한다.

3) 문제 해결력 강화

책 속 인물들이 맞닥뜨리는 다양한 문제와 갈등을 따라가다 보면, 독자는 자연스럽게 '어떻게 해결했는가?', '나였다면 어떻게 했을까?'라는 질문을 던지게 된다. 이러한 과정은 실제 상황에서도 유연하게 문제를 해결하는 힘을 길러 준다. 추리소설이나 역사서, 자서전 등은 인물의 선택과 전략을 관찰하며, 현실에 적용할 수 있는 다양한 해결 방식을 배우게 한다.

4) 다양한 관점과 시각의 이해

독서는 한 시대, 한 문화를 넘어 다른 사람들의 삶과 생각을 접하게 해 준다. 다양한 가치관, 배경, 경험을 가진 인물들의 이야기를 읽으면서 자신의 고정관념을 깨고, 새로운 사고의 틀을 갖추게 된다. 철학적 에세이나 사회과학 서적은 복합적 사고와 비판적 시각을 키우는 데 도움이 되며, 다문화와 세대 간 이해의 폭을 넓혀 준다.

5) 감정적 이해와 공감력 향상

책을 읽으며 등장인물의 감정과 내면을 따라가다 보면, 독자는 타인의 입장에서 생각해 보고 다양한 감정에 공감하는 연습을 하게 된다. 이는 감성 지능과 공감 능력을 높여주며, 창의적 협업과 리더십, 인간 중심의 혁신에 중요한 밑거름이 된다. 특히 소설, 에세이, 전기 등은 정서적 깊이를 키우는 데 효과적이다.

6) 언어와 표현력 향상

독서를 통해 다양한 어휘, 문장 구조, 표현 방식을 자연스럽게 익히게 된다. 풍부한 언어적 자산은 자신의 생각을 명확하게 전달하고, 새로운 개념을 창의적으로 설명하는 데 큰 힘이 된다. 또한 글쓰기나 말하기에서 창의적인 비유, 설득력 있는 논리 전개, 감동을 주는 표현 등 언어적 창의성을 발휘할 수 있다.

7) 자기 성찰과 내적 성장

책은 독자에게 '나는 누구인가?', '어떻게 살아갈 것인가?'와 같은 질문을 던지게 한다. 자기계발서, 철학책, 자서전 등을 통해 자신을 돌아보고, 자신의 강점과 약점을 발견하며, 삶의 목표와 비전을 세우는 데 도움을 받을 수 있다. 이 과정에서 독자는 자기만의 독특한 가치관과 진로, 꿈을 설계하게 된다.

8) 문학적 상상력과 인간 이해

소설, 시, 희곡 등 문학작품은 인간 내면의 섬세한 감정과 심리를 자극한다. 문학을 읽으며 다양한 인간관계, 갈등, 사랑, 상실 등 복잡한 감정과 상황을 경험하게 되고, 인간 본성과 사회에 대한 깊은 통찰을 얻게 된다. 이는 예술적 창의성뿐 아니라 인간 중심의 혁신에도 중요한 역할을 한다.

9) 자유로운 사고와 자기 주도적 학습

독서는 누구의 간섭도 없이, 정해진 정답도 없이 자유롭게 사고할 수 있는 공간을 제공한다. 저자의 생각에 동의하거나 반박하고, 자신만의 해석을 더하며, 새로운 결론을 내릴 수 있다. 이런 경험은 독립적이고 창의적인 문제 해결력을 키우고, 자기주도적 학습 능력을 강화한다.

10) 창작과 자기표현의 동기 부여

책을 읽다 보면 글을 쓰거나 이야기를 만들고 싶다는 욕구가 자연스럽게 생긴다. 독서는 창작의 씨앗을 심고, 자기표현의 동기를 불러일으킨다. 독서 후 자신의 생각을 글, 그림, 토론 등 다양한 방식으로 표현하는 것은 창의적 역량을 실질적으로 키우는 훈련이 된다. 이러한 자기표현은 내면의 생각을 구체화하고, 세상과 소통하는 창의적 힘의 원천이 된다.

"하루 한 권, 마음껏 상상하라."

독서는 단순한 정보 습득을 넘어, 사고의 폭을 넓히고 감성을 깨우며, 창의적 사고의 기반을 다지는 내면의 여정이 된다. AI 시대에는 감성 지능, 공감 능력, 융합적 사고와 실용적 기술, 통합적 문제 해결력 등 인간만의 복합적 역량이 더욱 중요해지고 있다. 독서는 이러한 역량을 자연스럽게 함양하는 최고의 훈련장이며, 자기 주도적 성찰과 창의적 도전을 가능하게 하는 내면의 여정임을 알 수 있다.

3. 창의성 향상을 위한 10가지 독서 습관 제안

장르를 넘나드는 독서로 사고 확장

책 속의 메모와 토론으로 창의력 증폭

디지털 시대, 전자책·오디오북도 적극 활용

창의성은 다양한 경험과 지식을 서로 연결하고 확장하는 능력에서 비롯된다. 독서는 이러한 연결의 폭을 넓혀 주고, 스스로 질문하고 기록하며, 다른 사람과 생각을 나누는 과정 속에서 사고를 깊이 있게 만들어 주며 자신만의 시각을 키우는 데 큰 역할을 한다. 아래는 창의적 사고력을 키우기 위한 독서 습관과 실천 방법이다.

1) 폭넓은 장르 읽기 - 생각의 경계를 허무는 첫걸음

문학, 역사, 철학, 과학, 예술, 심리학, 사회학, 경제학 등 다양한 분야의 책을 읽으면 고정된 사고에서 벗어나 새로운 방식으로 세상을 바라볼 수 있게 된다. 분야마다 독특한 사고방식이 있으며, 이를 이해하고 체험하는 과정에서 융합적 사고가 자연스럽게 길러진다.

예를 들어, 과학책을 통해 '원인-결과'의 논리적 구조를 이해하고, 문학에서는 인물의 내면과 서사를 통해 감정이입과 상상력을 훈련할 수 있다. 낯선 장르일수록 익숙하지 않은 문제 해결 방식에 노출되기 때문에, 사고의 유연성을 키우는 데 특히 도움이 된다.

2) 질문하며 읽기 - 단순한 독해를 넘어 사고로 연결하기

책을 읽는 동안 "이건 왜 그렇지?", "다른 방법은 없었을까?", "내가 저자였다면 어떻게 설명했을까?"와 같은 질문을 계속 던져보면, 수동적인 독서에서 벗어나 능동적인 사고가 가능해진다.

이런 질문은 생각을 확장시키는 도구이며, 단순한 이해를 넘어 비판적 사고와 창의적 연결을 유도한다. 특히 인문·사회 분야에서는 철학적 질문, 과학 분야에서는 가설적 사고로 이어지며, 저자와의 '대화'를 통해 사고의 깊이를 더할 수 있다.

3) 일기와 독서 메모 쓰기 - 사고를 표현하고 구조화하는 훈련

읽은 내용을 자신의 언어로 정리하고 감정을 기록하는 것은 내면의 사고를 바깥으로 끄집어내는 창의적 표현의 과정이다. 간단한 인상 메모, 문장 필사, 요약, 키워드 정리, 자신의 의견 작성 등 다양한 방법으로 시도해 볼 수 있다.

글로 정리하는 습관은 막연했던 생각을 구체화하고, 사고를 정제하며 표현 능력까지 함께 키워 준다. 더불어 나중에 다시 참고할 수 있는 '지적 자산'으로도 활용할 수 있어 장기적인 학습 기반이 된다.

4) 함께 읽고 토론하기 - 관점의 충돌이 만드는 창의적 자극

혼자 읽는 것과 달리, 누군가와 함께 읽고 이야기 나누면 자신이 놓쳤던 부분을 발견할 수 있고, 다양한 시각에 노출되며 사고의 폭이 확장된다. 상대의 의견에 동의하거나 반박하는 과정에서 자연스럽게 논리력과 창의적 사고가 발달한다.

특히 '하브루타'처럼 서로 질문을 던지고 답하면서 사고를 자극하는 방식은 정답 중심이 아닌 과정 중심의 사고력 향상에 효과적이다. 독서 모임, 북클럽, 가족 간 독서 토론도 좋은 실천 방법이 된다.

5) 주제별 독서 프로젝트 - 입체적 사고력과 융합형 통찰력 키우기

관심 있는 하나의 주제를 정하고, 다양한 관점에서 접근한 책을 연속해서 읽어 보는 방법이다. 예를 들어 '기후 위기'를 주제로 삼는다면 환경학, 정치학, 경제학, 소설, 다큐멘터리 등 여러 형태의 콘텐츠를 탐색해 볼 수 있다.

같은 주제를 다양한 관점에서 접근하면 지식이 단편적으로 흩어지지 않고, 구조적으로 연결되며 사고의 깊이와 넓이를 동시에 갖추게 된다. 이는 융합적 문제 해결력의 토대가 된다.

6) 비판적 독서와 재해석 - 기존 지식을 뛰어넘는 창의적 사고 실천

책 속의 주장을 그대로 수용하기보다는 "왜 이렇게 썼을까?", "나는 다르게 생각하는데?", "다른 사례도 있지 않을까?" 같은 비판적 시각으로 접근해 보는 습관은 독립적 사고를 기르는 데 매우 중요하다.

이 과정에서 저자의 전제나 논리의 빈틈을 파악하고, 자신만의 관점을 정립할 수 있다. 나아가 저자와 대화하듯 사고를 이어나가는 재해석의 과정을 통해, 고정관념을 깨고 새로운 통찰을 얻는 능력이 자란다.

7) 호기심과 상상력 자극하기 - 질문과 상상의 확장 훈련

창의성은 "이건 왜 이렇지?", "이걸 다른 방식으로 표현하면 어떨까?"와 같은 작은 호기심에서 출발한다. 소설, 판타지, 과학도서, 전기문 등은 상상력을 자극하는 좋은 매체이며, 주인공의 시점에서 상황을 상상하거나 배경을 머릿속으로 그려 보는 훈련은 상상적 사고 능력을 키워 준다.

이런 연습은 단순한 독서 이상의 사고 실험이 되며, 실생활에서 새로운 아이디어를 만들어 내는 능력으로 이어질 수 있다.

8) 마인드맵과 브레인스토밍 활용 - 시각적 사고로 창의적 연결 확장하기

책을 읽으며 떠오른 핵심 개념과 관련 아이디어를 마인드맵으로 시각화하면, 복잡한 정보를 구조화할 수 있고, 연관된 주제를 자유롭게 확장시킬 수 있다. 중심 개념에서 가지를 뻗어가는 과정은 사고의 폭을 넓히고 창의적 연상을 촉진시킨다.

또한, 브레인스토밍은 주제와 관련된 모든 아이디어를 제한 없이 자유롭게 떠올려 보는 연습으로, 창의적인 사고 흐름을 자연스럽게 만들어 준다.

9) 다양한 독서 방식 시도하기 - 감각의 전환을 통한 자극과 확장

종이책만 고집하지 않고, 오디오북, 전자책, 낭독 등 다양한 방식으로 책을 접하면 감각과 자극의 방식이 달라지면서 새로운 이해와 기억이 가능해진다. 예를 들어, 오디오북은 청각 중심으로 스토리를 이해하면서 언어 리듬과 분위기를 더 생생하게 느낄 수 있다.

또한, 피로하거나 집중이 어려운 날에는 짧은 시간 동안 핵심만 집중해서 읽는 방법도 좋다. 자신에게 맞는 방식으로 독서를 다양화하면 독서에 대한 지속성과 흥미도 함께 높아진다.

10) 직접 창작해 보기 - 읽은 것을 바탕으로 새로운 결과물 만들어 보기

책을 읽고 얻은 영감이나 아이디어를 직접 활용하여 짧은 글, 시, 그림, 만화, 연극 대본, 에세이 등 자신만의 창작물을 만들어본다. 독서를 단순히 마치는 것이 아니라, 읽은 내용을 변형하거나 재구성해 창작 활동으로 연결할 때 사고가 한층 더 확장된다.

예를 들어, 소설의 결말을 바꿔 보거나 주인공의 시점에서 가상의 편지를 써 볼 수 있다. 비문학 책을 읽었을 때는 책에서 다룬 사회 문제에 대한 자신의 대안을 구상해 보는 것도 좋은 연습이다. 이처럼 '읽기 → 생각하기 → 만들기'로 이어지는 적극적인 활동은 창의성을 실제 행동으로 구현하도록 돕고, 자신만의 독창적인 표현력을 기르는 데 큰 효과가 있다.

창의성은 타고나는 것이 아니라 경험과 훈련을 통해 키울 수 있는 능력이다. 독서는 그 훈련을 위한 가장 강력한 도구다. 장르를 다양하게 접하고, 질문하고, 기록하고, 함께 토론하며, 비판적으로 읽는 습관을 통해 누구나 창의성을 기를 수 있다. 이런 독서 습관은 단순한 지식 습득을 넘어, 미래를 이끌어 갈 창의적 인재로 성장하는 데 든든한 토대가 된다.

창의성의 씨앗은 독서 속에서 자라나고, 그 씨앗이 자라 결실을 맺을 때, 우리는 더 인간답고 풍요로운 삶을 살아갈 수 있다.

책을 읽는다는 것은 곧 자신의 내면을 확장하고, 미래를 스스로 설계하는 가장 의미 있는 실천이다. 지금 이 순간, 한 권의 책을 펼치는 작은 실천이 미래의 자신을 바꾸는 위대한 첫걸음이 될 수 있다.

4. 지금 '독서'로 자신만의 여정을 떠나 보세요!

독서는 이야기를 통해 상상하고, 공감하고, 자신만의 의미를 찾아가는 여정이다. 인공지능이 점점 더 많은 영역에서 인간의 역할을 대신하고 있지만, 창의성만큼은 여전히 인간만이 가질 수 있는 고유한 능력이다. 그리고 그 창의성은 다양한 이야기를 만나고, 깊이 있는 상상을 펼치며, 타인의 삶과 감정에 공감하는 과정, 바로 독서의 힘에서 시작된다.

책을 읽는다는 것은, 단편적인 정보를 모으는 일이 아니라, 의미를 연결하고 감정을 깨우며 전혀 새로운 가능성을 창조하는 정신의 여정이다. 독서를 통해 우리는 타인의 삶을 이해하고, 세상을 바라보는 시야를 넓히며, 상상력과 공감 능력, 그리고 통합적 사고력을 자연스럽게 키워 간다. 이런 능력들은 AI 시대에도 결코 대체될 수 없는 인간만의 본질적 가치이며, 미래를 여는 가장 강력한 원동력이다.

가장 오래된 도구인 독서가 오히려 가장 앞선 시대를 살아가는 우리에게 창의성을 지키고 확장하는 가장 미래적인 활동이 되는 이유도 여기에 있다. 책장을 넘기는 그 순간, 우리는 단순한 독자가 아니라 자신의 내면을 확장하고 스스로 미래를 설계하는 창의적 존재로 한 걸음 더 나아가게 된다.

지금 이 순간, 한 권의 책이 여러분의 생각을 흔들고, 감정을 일깨우며, 새로운 가능성의 문을 열어 줄 수 있다는 사실을 잊지 말자. 독서의 힘은 곧 인간다움의 힘이며, 그 힘이야말로 AI 시대를 살아가는 우리 모두에게 가장 소중한 자산이 될 것이다.

AI 시대가 본격화되면서 미래 사회가 요구하는 인재상은 단순히 정답을 외우거나 주어진 정보를 암기하는 사람에서 벗어나 스스로 문제를 인식하고, 창의적으로 해결책을 찾으며, 새로운 가치를 창출하는 능동적 인재로 변화하고 있다. 이러한 변화의 중심에는 자기 주도적 사고, 메타인지, 창의성, 그리고 독서 등 다양한 역량이 핵심적으로 자리 잡고 있다.

먼저, AI 시대의 '노마드형 인재'는 고정된 조직이나 경계에 얽매이지 않고, 다양한 공간과 시간에서 자유롭게 일하며 끊임없이 자신의 가치를 찾아가는 사람을 의미한다. 이들은 유연성과 적응력, 기술 활용 능력, 자기 주도성과 자기관리, 창의적 문제해결력, 글로벌 소통력, 학습 민첩성, 정서적 안정, 윤리의식, 그리고 다중 경력 설계 능력 등을 갖춰야 한다. 즉, 변화에 수동적으로 적응하는 것이 아니라, 변화 자체를 기회로 만들어 내는 능동적인 태도가 필요하다.

이 시대에서 가장 강조되는 역량은 '문제해결 능력'이며, 그 핵심에는 메타인지가 있다. 메타인지는 자신의 사고를 객관적으로 점검하고 관리하며, 상황에 따라 전략을 유연하게 전환하는 고차원적 사고 능력이다. 메타인지는 학습뿐만 아니라 실생활, 직장, 조직 등 여러 영역에서 자기성찰, 자기통제, 전략적 선택, 비판적 자기평가, 그리고 학습의 전이까지 가능하게 하는 지속 가능한 성장의 토대가 된다. 특히, AI는 방대한 연산과 정보 처리에 강하지만, 자신의 사고 흐름을 반성하거나 전략을 새롭게 설계하는 메타적 능력에서는 인간을 따라올 수 없다. 이 때문에 AI 시대에 인간만이 가진 진정한 경쟁력은 '자신의 생각을 성찰·조절할 수 있는 힘'에 달려 있다고 할 수 있다.

창의성과 감성 또한 점점 더 중요한 경쟁력으로 부상하고 있다. 기존에는 좌뇌 중심의 논리적, 분석적 사고가 중시되었으나, 이제는 우뇌의 감성적 통찰, 상상력, 공감, 통합적 사고가 사회와 교육, 문화, 기술 등 전 분야에서 혁신의 원동력이 되고 있다. AI가 논리와 계산, 반복 업무를 대체하는 시대에는 인간의 감성지능, 공감과 융합적 상상력, 예술적·창의적 사고가 그 자체만으로도 중요한 가치가 된다. 우리는 지식과 정보를 넘어서 새로운 질문을 던지고, 창의적으로 해결책을 탐구하며, 다양한 관점을 연결하는 '창의사회'로 나아가고 있다.

이러한 창의성과 문제해결 능력을 키우는 가장 효과적인 방법 중 하나가 바로 '독서'이다. 독서는 단순한 지식 습득을 넘어, 상상력과 공감 능력, 비판적·융합적 사고와 표현력, 새로운 아이디어의 발굴 등 창의성의 모든 근육을 훈련시키는 힘이 있다. 책을 읽으며 다양한 세계와 인간 경험을 만나는 과정에서 우리는 타인의 감정과 생각에 공감하고, 여러 관점을 연결하며, 사고의 폭과 깊이를 동시에 넓힐 수 있다. 특별히 장르의 경계를 넘는 폭넓은 독서, 질문하는 습관, 독서 후 토론과 기록, 비판적이며 창의적인 해석 등은 인간만의 창의성과 주체성을 키우는 최고의 방법인 것이다.

결론적으로, AI와 인간이 공존하는 미래 사회에서는 지식을 얼마나 많이 알고 있는가보다 스스로 사고하고, 자신의 생각과 전략을 조절하며, 변화에 당당히 대응할 수 있는 메타인지 역량과 창의성, 그리고 문제해결력, 자기 주도적 학습력, 감성적 통찰 등이 진정한 경쟁력이 된다. 이러한 인간만의 역량을 계발하는 데서 독서와 메타인지 훈련은 가장 효율적이고 본질적인 도구가 된다.

따라서 지금 교육과 성장의 방향은 정답 맞히기에 머무르지 않고, 질문하는 힘, 감정을 읽어내는 힘, 상상하고 연결하는 힘을 길러 주는 데 있어야 하며, 모두가 자신의 삶을 직접 설계하는 창의적이고 유연한 사고의 주체로 커나가는 것이 AI 시대를 살아가는 진정한 미래형 인간상을 완성하는 길임을 잊지 말아야 한다.

_미래인재적성연구소

PART 6

자녀의 진로 선택은
적성에서 시작한다

"자신을 아는 것이
모든 지혜의 시작이다."

_아리스토텔레스

Chapter 1

삶의 방향을 결정하는
성격의 비밀

"운명은 성격에서 비롯된다."

_프리드리히 니체

성격은 개인의 행동 방식, 생각하는 습관, 감정에 반응하는 태도, 그리고 다른 사람과 관계를 맺는 모습 등 삶 전체에 깊이 스며있는 인간의 핵심적인 특성 이다.

성격은 하나의 요인만으로 설명할 수 있는 단순한 구조가 아니다. 유전적인 기 질, 환경에서의 경험, 그리고 성장 과정에서의 다양한 상호작용이 오랜 시간에 걸쳐 점진적으로 쌓이면서 만들어지는 매우 복합적이고 정교한 심리적 구조 다. 성격을 이해한다는 것은 결국 그 사람의 삶 전체를 이해하고 존중하는 과정 과 같다.

1. 나만의 성공 DNA!

> "성격은 세상을 움직이는 '인간 에너지'의 핵심이다.
> 내 안의 가능성을 발견하려면 성격의 본질을 파헤쳐라!"

성격이란 시간과 상황에 걸쳐 비교적 일관되게 나타나는, 개인 고유의 사고, 감정, 행동 양식을 말한다. 즉, 성격은 한 사람이 누구인지를 규정짓는 특징적이고 지속적인 심리적 특성의 집합이다.

미국의 성격심리학자 고든 윌러드 올포트(Gordon Willard Allport)는 성격을 "개인 고유의 행동과 사고, 감정의 패턴을 만들어내는 개인 내부의 심리적·신체적 체계의 역동적 조직"이라고 정의했다. 이런 정의를 종합하면, 성격은 환경에 적응하기 위해 개인이 발달시킨 독특하고 일관된 내적 행동 패턴이라고 볼 수 있다.

'성격(personality)'이라는 단어는 그리스어로 '마음속에 새겨진 것'을 뜻하는 말에서 유래했고, 라틴어 'persona'(가면, 탈)에서 비롯되었다. 이 어원은 성격이 본래 선천적이고 쉽게 바뀌지 않는 고유한 특성이라는 의미를 담고 있다. 하지만 현대 심리학에서는 성격이 유전적 요인과 환경적 요인의 상호작용 속에서 발달하고 변화할 수 있다고 본다.

성격은 단순히 한 사람의 성향이나 기질을 넘어서, 직업 선택, 대인관계의 질, 스트레스 대처 방식 등 삶의 중요한 선택에 큰 영향을 미치는 내면의 나침반과 같다. 성격은 눈에 보이지 않지만, 인생의 방향을 결정짓는 근본적인 심리적 구조로 작용하며, 개인의 행복감, 적응력, 건강에도 중요한 영향을 준다.

2. 성격의 10가지 특성

변화와 일관성, 개인의 차별화 DNA

성격은 단순히 기질이나 감정의 일시적인 표현을 넘어서, 개인의 삶과 행동 전반에 깊은 영향을 미치는 일관성과 독특함을 보여주는 복합적이고 조직화된 심리적 체계다. 성격심리학에서는 성격이 여러 가지 중요한 특성을 지닌다고 설명한다.

1) 개인의 고유성

모든 사람은 자신만의 고유한 성격을 가지고 있다. 이 고유성은 유전, 성장 환경, 문화적 배경, 개인적 경험 등이 복합적으로 작용해 만들어진다. 예를 들어, 같은 스트레스 상황에서도 누군가는 침착하게, 또 다른 누군가는 감정적으로 반응하는 등 각자 다른 성격이 행동에 드러난다. 이런 고유성은 인간관계의 다양성과 개인의 정체성을 형성하는 데 중요한 역할을 한다. 또한, 직업 선택, 가치관, 삶의 목표 등에서도 각자의 독특한 색깔을 만들어낸다. 이처럼 개인의 고유성은 그 사람만의 고유한 삶의 방향성과 품격을 결정짓는 중요한 심리적 토대이다.

2) 지속성과 일관성

성격은 비교적 오랜 시간 동안 일관되게 유지되는 경향이 있다. 일시적인 감정이나 상황에 따라 쉽게 변하지 않기 때문에, 우리는 자신과 타인의 행동을 예측하고 신뢰할 수 있다. 예를 들어, 평소에 신중한 사람은 중요한 상황에서도 신중함을 보이고, 외향적인 사람은 새로운 환경에서도 적극적으로 교류한다. 이처럼 성격의 일관성은 개인의 정체성을 확립하고, 자기 통제력과 자기 이해를 높이는 데 도움을 준다. 이로 인해 목표 설정과 달성, 자기계발 활동에서 꾸준함과 책임감을 유지하는 데 중요한 역할을 한다.

3) 다면적인 구조

성격은 단일한 특성으로 정의되지 않고 여러 차원의 성향이 복합적으로 얽혀 있는 다층적 구조를 가진다. 예를 들어, 외향성, 친화성, 개방성, 신경성 등 다양한 성격 요소가 한 사람 안에서 동시에 존재하며 상호작용한다. 이로 인해 겉으로 드러나는 행동과 내면의 감정이나 생각이 다를 수 있다. 예를 들어, 외향적인 사람도 불안감을 내면에 감추고 있을 수 있으며, 친화적인 사람이면서도 강한 자기주장을 가지고 있을 수 있다. 이러한 다면성은 인간 행동의 복잡성을 설명해 주며, 한 사람의 성격을 이해할 때 다양한 관점에서 접근해야 함을 보여 준다.

4) 행동에 대한 영향력

성격은 개인의 삶 전반에 크고 작은 영향을 미치는 핵심 요인이다. 우리가 내리는 결정, 타인과의 소통, 위기 상황에서의 대처 방식 등은 모두 성격과 밀접하게 관련되어 있다. 예를 들어, 성실한 사람은 책임감을 가지고 꾸준히 노력하는 반면, 개방적인 성격을 가진 사람은 새로운 경험과 도전을 즐기며 창의적인 아이디어를 자주 내기도 한다. 신경성이 높은 사람은 스트레스 요인에 민감하게 반응해 불안이나 긴장감을 쉽게 경험할 수 있다. 자기 이해를 기반으로 자신의 성격 특성을 파악하면 자기 관리와 대인관계 향상에도 도움이 된다.

5) 변화 가능성과 성장 가능성

성격은 비교적 안정적이지만 완전히 고정된 것은 아니다. 삶의 다양한 경험, 학습, 자기 성찰을 통해 점진적으로 변화할 수 있는 유연함도 가지고 있다. 반복적인 자기 성찰과 피드백, 새로운 환경에서의 도전, 긍정적인 인간관계 경험 등은 성격의 일부를 변화시키거나 성숙하게 만들 수 있다. 이 같은 성격의 변화 가능성은 개인의 노력과 환경적 지원을 통해 더 나은 자신으로 발전할 수 있다는 희망을 준다. 단기간에 일어나는 급격한 전환보다는 서서히 누적되는 경험과 실천을 통해 점진적으로 이루어진다는 점을 이해하는 것이 중요하다.

6) 성격과 환경의 상호작용

성격은 개인의 내적 특성과 외부 환경이 끊임없이 영향을 주고받으며 형성되고 변화한다. 긍정적인 환경은 개인의 잠재력을 최대한 발휘하게 돕는다. 예를 들어, 따뜻하고 안정적인 가족, 격려하는 학교나 직장 환경은 개인이 성장하고 자신감을 갖는 데 중요한 역할을 한다. 반대로, 지속적인 스트레스, 갈등, 혹은 부정적이고 억압적인 환경은 기존 성격 특성을 왜곡하거나 강화할 수 있다. 예를 들어, 지나친 비판이나 무관심은 내성적이고 불안한 성격을 더욱 심화시킬 수 있으며, 폭력적 환경은 공격적 행동과 연관될 가능성이 높아진다.

7) 유전적 및 생물학적 기반

성격은 유전적 요인과 신경생물학적 요인의 영향을 많이 받는다. 쌍둥이 연구 등 행동유전학 연구에 따르면, 성격 특질의 약 40~60% 정도가 유전에 의해 결정된다. 예를 들어, 외향성·신경성·개방성 등은 유전적 영향을 크게 받는 것으로 나타난다. 뇌의 구조와 기능, 신경전달물질, 호르몬 분비 역시 성격 형성에 영향을 미친다. 최근 분자유전학 연구에서는 세부적인 유전자와 성격 특성 간의 연관성도 밝혀지고 있다. 그러나 유전적 영향이 절대적이지 않고, 환경적 요인과 상호작용해 복합적으로 나타난다는 점을 이해하는 것이 중요하다.

8) 문화 및 사회적 영향

성격은 개인이 속한 문화와 사회 환경에 따라 다양하게 발달하고 드러
난다. 각 문화권에 속하는 가치와 규범, 사회 구조, 교육 제도, 대중매체의
영향 등은 성격 형성에 직접적으로 작용한다. 예를 들어, 집단주의 문화
에서는 가족, 공동체, 전통을 중시해 조화와 배려가 강조되는 반면, 개인
주의 문화에서는 독립성과 자기표현이 강화된다. 가족 내에서의 양육 방
식, 또래 집단 및 사회 규범, 교육 등도 성격 발달에 큰 영향을 준다. 같은
성격 특성이라도 사회적 맥락이나 시대적 변화에 따라 다르게 인식되고
표출되기도 한다.

9) 자기 인식과 타인 인식의 차이

자기 인식은 자신이 자신의 성격을 어떻게 보는지에 관한 것이고, 타인
인식은 다른 사람이 그 사람을 어떻게 바라보는지에 관한 것이다. 사람마
다 자기 평가와 타인 평가가 다를 수 있으며, 심리학에서는 이를 '자의식'
의 차이로 설명한다. 자기 인식이 높은 사람은 자신의 내면 상태와 신념
에 더 집중하는 경향이 있고, 타인 인식(공적 자의식)이 높은 사람은 남의
시선과 기대에 민감하게 반응한다. 이 차이는 대인관계, 자기 이해, 그리
고 자기 통제 및 사회적 행동에 영향을 미친다.

10) 적응과 대처 방식

성격은 새로운 환경이나 스트레스 상황에서의 적응과 대처 방식에 큰 영향을 준다. 자기 통제력이나 신중성 등의 성격 강점은 학교, 직장, 대인 관계 등 다양한 생활 영역에서 적응을 높일 수 있다. 스트레스 상황에서 개방적인 사람은 새로운 방법을 시도하며 문제를 유연하게 해결하려 하지만, 신경성이 높은 사람은 불안을 더 크게 느낄 수 있다. 긍정적인 성격 강점을 적극적으로 활용하면 스트레스에 잘 대처하고, 삶의 만족도와 웰빙도 높일 수 있다. 또한, 감정 조절 능력과 문제 해결 능력 등은 성격과 긴밀하게 연결되어 있으며, 이를 통해 현실에서 직면하는 어려움을 극복하고 변화에 잘 적응해 나갈 수 있다.

이처럼 성격은 인간을 이해하는 데 있어 가장 핵심적이면서도 복합적인 심리적 요인이다. 성격의 특성을 올바르게 이해하는 것은 자기 이해와 성장, 대인관계, 사회적 성공 등 다양한 영역에서 삶을 풍요롭고 의미 있게 만드는 근본적인 심리적 기반이 된다.

3. 성격이 인생에 미치는 영향

성공과 실패, 모든 결정의 출발점!

성격은 단순한 심리적 특성을 넘어, 인간의 삶 전반에 깊고 지속적인 영향을 미치는 본질적인 요소이다. 성격은 사고방식, 감정 표현, 인간관계 형성, 진로 선택, 위기 대처 방식 등 삶의 다양한 영역에서 중요한 역할을 하며, 삶의 방향과 질을 결정짓는 핵심 요인으로 작용한다.

1) 대인 관계

성격은 인간관계의 양과 질에 결정적인 영향을 미친다. 외향적이고 개방적인 사람은 사회적 활동에서 에너지를 얻고 폭넓은 관계망을 형성하는 경향이 있다. 반면, 내향적이고 신중한 사람은 소수의 깊이 있는 관계를 선호하며 신뢰와 안정감을 중시한다. 이러한 성격적 차이는 친구, 배우자, 동료 등 중요한 타인과의 관계 형성 방식에 큰 차이를 만들어낸다. 성격은 소통 방식, 갈등 해결 능력, 신뢰와 친밀감 형성에도 영향을 미치며, 긍정적인 인간관계는 삶의 만족도와 행복의 중요한 원천이 된다.

2) 직업 선택과 직무 만족도

성격은 개인이 어떤 직업을 선택하고, 어떤 환경에서 동기부여를 받으며, 직업적 성공과 만족을 경험하는지에 직접적인 영향을 준다. 체계적이고 성실한 성격은 규칙적이고 명확한 업무 환경에서 높은 성과를 내며, 창의적이고 유연한 성격은 변화와 자율성이 보장되는 환경에서 더 큰 만족과 성취를 경험한다. 또한, 성격은 직업 내 인간관계, 리더십 스타일, 스트레스 관리, 조직 적응력 등에도 영향을 미친다. 이처럼 성격은 직무 만족도, 조직 내 관계 등 직업적 삶의 전반에 영향을 미치는 핵심 요인이다.

3) 스트레스 대처 방식

스트레스 상황에서의 반응과 위기 대처 능력도 성격에 따라 크게 달라진다. 낙천적이고 회복탄력성이 높은 사람은 위기 속에서도 긍정적인 면을 찾아내고, 실패나 좌절을 성장의 기회로 삼는다. 반면, 불안이 많고 감정 기복이 심한 사람은 작은 자극에도 쉽게 흔들리고, 스트레스를 부정적으로 경험할 수 있다. 성격은 스트레스 대처 전략과 정서적 회복력에 영향을 주며, 효과적인 스트레스 관리와 위기 극복 능력은 건강한 성격 특성에서 비롯된다.

4) 건강과 정서적 안녕

성격은 신체적 건강과 정신적 건강 모두에 영향을 미친다. 긍정적이고 낙관적인 성격은 스트레스 상황에서도 건강한 생활 습관을 유지하며, 면역력과 회복력이 높아 삶의 만족도가 높다. 반면, 억제적이고 부정적인 감정을 자주 경험하는 성향은 우울증, 불안장애 등 정신 건강 문제의 위험 요인이 될 수 있다. 평안함, 성숙도, 공감 능력, 충동성의 정도 등은 건강 행동과 심리적 웰빙에 중요한 영향을 미친다.

5) 성공과 성취

자신감이 높고 자기주도적인 성격은 목표 설정과 달성을 위한 내적 동기를 강화하며, 실행력과 회복탄력성도 뛰어나다. 이러한 성격 특성은 학업, 직무, 대인 관계, 리더십 등 다양한 성공 지표와 밀접하게 연결되어 있다. 감정 조절 능력과 협력 능력은 사회적 성공과 리더십의 필수 요소가 되며, 성격은 인생의 중요한 선택과 그 결과에 큰 영향을 미친다.

6) 성격의 변화 가능성과 성장

성격은 비교적 안정적이지만, 삶의 경험과 자기 성찰, 학습을 통해 점진적으로 변화하고 성장할 수 있다. 공감, 자기통제, 회복탄력성 등 긍정적인 성격 특성은 의식적인 노력과 환경적 지원을 통해 개발될 수 있으며, 이는 인생 전반에 긍정적인 변화를 가져온다. 성격은 타고난 기질과 환경적 요인이 복합적으로 작용해 형성되므로, 자기 이해와 성장에 대한 의지를 통해 더 나은 삶을 설계할 수 있다.

이처럼 성격은 인간의 운명을 결정짓는 근본적 힘이자, 인생의 다양한 선택과 관계, 성공, 건강, 행복에 이르는 모든 과정에 깊게 관여하는 핵심 자산이다. 자신의 성격을 올바르게 이해하고 수용하는 것은 더 건강하고 만족스러운 삶을 살아가는 데 있어 가장 기본적이고도 강력한 출발점이 된다.

4. 성격은 삶의 방향을 안내하는 나침반이다

인공지능이 주도하는 빠른 변화의 시대에도 변하지 않는 본질은 결국 사람이다. 인간을 이해하는 가장 근원적인 출발점은 바로 성격에 대한 이해에서 시작된다. 성격에 대한 통찰은 단순히 자신을 분석하는 데 그치지 않고, 삶의 방향을 안내하는 나침반이 되며, 타인과 진정성 있는 관계를 맺는 핵심 열쇠가 된다.

성격은 우리 삶 전반에 깊고 지속적인 영향을 미치는 심리적 기반이다. 선천적인 기질과 후천적인 경험이 함께 작용해 성격이 형성되고 발전한다. 그렇기 때문에 자신의 성격을 정확하게 인식하고, 이를 수용하며 성장시키려는 노력이 더 나은 선택을 가능하게 하고, 더 깊고 건강한 관계를 맺으며, 더욱 의미 있는 삶을 살아가는 힘이 된다.

지금 우리에게 필요한 것은 타고난 성격을 단정 짓는 것이 아니라, 성격을 이해하고 계발함으로써 자신만의 길을 주체적으로 걸어갈 수 있는 내면의 역량을 키우는 일이다. 성격을 아는 것은 곧 자신을 이해하는 일이며, 더 나은 삶을 향해 나아가는 가장 인간다운 여정의 시작이 된다.

—

Chapter 2

적성을 아는 사람은
길을 잃지 않는다

"타고난 재능과 교육 중에서 선택해야 한다면 재능을 택하라.
재능은 당신을 행복하게 하고 더 빨리 영광을 가져다줄 것이다."

성공한 사람들의 이야기를 보면, 우리는 흔히 그들이 얼마나 많은 노력을 했는지에 집중하게 된다. 하지만 자세히 들여다보면, 그 노력은 대부분 자신에게 맞는 적성 분야에서 발휘된 경우가 많다. 적성은 단순히 잘하는 것을 넘어서, 마음 깊은 곳에서 자연스럽게 끌리는 방향성과 타고난 능력이 조화를 이루는 것을 의미한다.

누군가는 숫자와 구조를 잘 이해하고, 또 다른 누군가는 감정이나 분위기에 민감하게 반응한다. 어떤 사람은 예술적 상상력으로 새로운 세계를 만들어 내기도 한다. 이렇게 타고난 적성은 단순한 취미나 흥미를 넘어서, 인생의 진로와 가능성을 결정짓는 중요한 내적 동력이다.

자신의 적성을 제대로 발견하고, 이를 바탕으로 꾸준히 성장해 나갈 때, 진정으로 몰입할 수 있는 일을 찾게 되고, 비로소 최고의 자리에 오를 수 있는 길이 열린다. 이 과정은 억지로 이뤄낸 성공이 아니라, 자연스럽게 흘러가는 역량의 흐름 속에서 깊이 있는 성취로 이어진다.

1. 나만의 특별한 초능력!

"적성은 잠재된 우승자의 에너지다.
지금, 내 안의 특별한 힘을 깨워라!"

적성(Aptitude)이란 개인이 특정 활동이나 분야에서 자연스럽게 드러내는 선천적이거나 본성에 가까운 능력과 성향을 의미한다. 흔히 적성을 단순히 "어떤 일을 잘하는 재능"으로 생각하기 쉽지만, 적성은 단순한 능력이나 재능을 넘어선다.

진정한 적성은 어떤 활동에 몰입할 때 자연스럽게 기쁨과 만족을 느끼고, 시간 가는 줄 모르고 집중할 수 있으며, 그 과정에서 스스로 에너지가 솟아나는 내면의 힘이다. 적성은 외부의 평가나 타인의 기대가 아니라, 자신의 본성과 조화를 이루는 방향성에서 비롯된다.

적성은 개인이 의미 있는 성장을 이루고, 삶의 만족과 성취를 경험할 수 있게 하는 본질적인 잠재력이다. 누군가는 수학 문제를 풀 때 즐거움을 느끼고, 또 다른 누군가는 그림을 그리거나 음악을 연주할 때 깊은 몰입과 행복을 경험한다. 이런 경험은 단순히 잘하는 것, 즉 재능(talent)과는 다르다. 재능이 주로 타고난 능력, 즉 '잘하는 것'에 초점을 둔다면, 적성은

'몰입하고 지속할 수 있는 것', 즉 내면의 성장 에너지와 동기, 그리고 그 활동에서 느끼는 즐거움과 의미에 더 큰 초점을 둔다.

예를 들어, 노래를 잘 부르는 사람이 있다고 해도 그 과정에서 특별한 기쁨이나 몰입을 느끼지 못하면 그 분야가 진정한 적성이라고 보기는 어렵다. 반대로, 노래 실력은 아직 부족하더라도 음악을 듣고 연주하고 노래하는 과정에서 큰 즐거움과 성취감을 느끼며 꾸준히 노력한다면, 음악은 그 사람에게 적성에 더 가까운 영역이라고 할 수 있다. 이처럼 적성은 단순한 결과가 아니라, 과정에서의 몰입과 성장, 내면적 만족감과 연결되어 있다. 또한, 적성은 환경과 경험에 따라 발달하고 변화할 수 있다. 새로운 경험을 통해 자신도 몰랐던 분야에서 적성을 발견할 수 있으며, 다양한 경험과 자기 탐색을 통해 적성은 점차 계발된다.

정리하면, 재능은 겉으로 드러나는 '잘하는 것'에 가깝고, 적성은 내면에서 우러나오는 '몰입하고 지속할 수 있는 것', 즉 성장의 에너지와 삶의 방향성을 의미한다.

적성을 발견하고 계발하는 과정은 자신의 잠재력을 실현하고, 진정으로 만족스러운 삶을 살아가는 데 중요한 역할을 한다. 따라서 진로 선택이나 자기계발의 출발점은 '내가 무엇을 잘하는가.'뿐만 아니라, '내가 무엇에 몰입하고, 어떤 활동에서 의미와 기쁨을 느끼는가.'를 깊이 탐색하는 데 있다. 이러한 자기 이해와 적성 발견은 삶의 만족과 성취, 그리고 지속 가능한 성장의 가장 중요한 기반이 된다.

2. 적성검사는 미래를 여는 열쇠다

최적의 미래를 여는 첫걸음!

현대 사회에서는 많은 사람들이 자신의 적성을 명확히 알지 못한 채 방향 없는 노력을 이어 가고 있다. 적성검사는 이런 현실에서 자신이 타고난 성향과 잠재적 능력, 그리고 직업적·학업적 가능성을 객관적으로 탐색할 수 있는 유용한 도구다. 오늘날 교육 현장, 진로 설계, 인재 선발 등 다양한 분야에서 적성검사는 실질적인 성장 전략의 출발점으로 널리 활용되고 있다.

1) 자기 이해의 출발점

적성검사는 개인의 기질, 재능, 흥미 등을 객관적으로 파악할 수 있도록 도와준다. "나는 어떤 성향을 타고났는가?", "나는 어떤 환경에서 자연스럽게 에너지를 발휘하는가?"와 같은 질문에 대한 명확한 이해는 진정한 자기 발견의 시작이 된다. 자신의 타고난 성향을 이해하면 자기 존중감과 자기 효능감이 함께 높아진다. 적성검사를 통해 개인은 자신의 강점과 약점을 명확히 인식하고, 자신감을 갖고 삶의 여러 도전에 맞설 수 있는 심리적 기반을 마련할 수 있다.

자기 이해는 대인관계와 사회적 상호작용에도 긍정적인 영향을 미쳐, 타인과의 관계를 더 원활하게 하고 협력적인 태도를 키우는 데 도움이 된다.

2) 성장 방향의 명확화

누구나 무한한 가능성을 가지고 있지만, 방향 없는 노력은 쉽게 지치고 번아웃에 이르기 쉽다. 적성검사는 "나에게 가장 자연스럽고 깊이 몰입할 수 있는 방향"을 제시해, 보다 효율적인 성장의 기회를 제공한다. 이를 바탕으로 강점은 강화하고 약점은 보완하는 전략적인 성장 경로를 설계할 수 있다.

명확한 성장 방향은 목표 설정과 계획 수립에 도움이 되어, 개인이 체계적이고 지속적으로 발전할 수 있는 동기를 준다. 적성검사는 자신의 역량을 극대화할 수 있는 분야를 찾도록 도와주며, 불필요한 에너지 소모를 줄이고 효율적인 자기 계발을 가능하게 한다.

3) 불필요한 시행착오의 감소

적성에 맞지 않는 진로나 학습, 활동에 시간과 에너지를 쏟는 것은 삶의 자원을 낭비하는 결과로 이어질 수 있다. 적성검사는 무작위 시도와 경험적 좌절, 방향 재설정이 반복되는 시행착오의 과정을 줄여 주고, 더 빠르고 정확하게 자신에게 맞는 길을 찾도록 돕는다. 이 과정은 스트레스와 불안을 줄이고, 자신감과 만족도를 높여 긍정적인 심리 상태를 유지하는 데 기여한다. 또한, 적성에 맞는 선택은 장기적인 직업 안정성과 삶의 질 향상에도 긍정적인 영향을 미친다. 시행착오를 줄이면 개인은 더 빠르게 자신의 역량을 발휘할 수 있는 환경에 도달할 수 있다.

4) 조기 발굴의 가능성

특히 유아기에서 초등 시기까지는 두뇌가 가장 민감하고 유연하게 발달하는 시기다. 이때 적성을 발견하면 최적의 시점에 맞춤형 지원이 가능하다. 선천적 성향에 기반 한 조기 개발은 이후 진로 설계, 역량 발휘, 성취 경험의 질을 크게 높여 준다. 조기 발굴은 아이가 자신의 강점과 흥미를 일찍 인식하게 해, 자신감과 자기 효능감을 키우는 데 중요한 역할을 한다.

또한, 조기 적성 발견은 교육자와 부모가 아이의 성장에 맞는 환경과 자원을 제공할 수 있게 해, 전인적 발달을 촉진한다. 이는 아이가 자신의 적성을 바탕으로 다양한 경험을 쌓고, 미래 진로 선택에서 더 넓은 가능성을 확보할 수 있게 한다.

5) 자율성과 자기주도성의 강화

적성검사를 통해 자신의 재능과 성향을 이해한 아이는 자기 선택과 결정의 주체로 성장한다. 이는 단순한 학습 동기를 넘어서, 장기적 자기주도 성장의 핵심 기반이 되고, 주체적인 삶을 이끄는 힘으로 이어진다.

자기주도성은 개인이 자신의 목표를 설정하고, 계획하며, 실행하는 능력으로, 변화하는 환경에 유연하게 대응하고 지속적인 성장을 가능하게 한다. 적성에 대한 명확한 이해는 아이가 자신의 강점과 약점을 인식하고, 스스로 학습 전략을 조정하며, 책임감 있게 행동하는 데 중요한 역할을 한다. 이러한 자율성과 자기주도성은 성인이 되어서도 자신의 삶을 주체적으로 설계하고, 새로운 도전에 적극적으로 나설 수 있는 힘의 근간이 된다.

이처럼 적성검사는 자기 이해, 성장 방향 설정, 시행착오 감소, 조기 발굴, 자율성 및 자기주도성 강화 등 다양한 측면에서 개인의 성공적인 성장과 발전을 돕는 필수적인 도구다. 현대 사회에서 적성검사의 중요성은 더욱 커지고 있으며, 이를 통해 개인과 사회 모두가 더 효율적이고 의미 있는 발전을 이룰 수 있다.

3. 적성이 인생에 미치는 영향

"적성은 성공과 행복의 자동문!
내가 잘할 수 있는 일에 집중할 때, 최고의 성과가 따라온다."

적성은 단순히 '어떤 일을 잘하느냐.'의 문제가 아니라, 인생의 방향을 정하고 삶의 질과 만족도를 결정짓는 핵심적인 요소다. 자신의 적성을 이해하고 그에 맞는 길을 선택하는 일은 개인의 성장뿐 아니라 심리적 안정, 사회적 성공, 대인관계, 그리고 전반적인 삶의 만족감에 깊은 영향을 미친다.

1) 진로 만족도의 비약적 향상

적성에 맞는 진로를 선택하면 업무에 대한 흥미와 몰입, 심리적 만족감이 크게 높아진다. 자신의 성향과 능력에 맞는 환경에서 일할 때 일 자체가 즐거움이 되고, 자연스럽게 동기와 열정이 생긴다. 이런 몰입 경험은 단순한 직업적 성공을 넘어 일상에서 활력과 자기 효능감을 높여 준다. 반면, 적성에 맞지 않는 진로를 선택하면 업무에 대한 피로감과 번아웃, 회의감이 쉽게 찾아올 수 있다. 그래서 적성에 부합하는 진로 선택은 일상적 행복과 장기적 만족도를 크게 높여 주는 중요한 요인이다.

2) 업무 성과의 향상

적성이 발휘되는 분야에서는 개인의 강점이 자연스럽게 드러나고, 업무에 대한 학습 속도와 문제 해결력도 눈에 띄게 향상된다. 자신이 잘할 수 있는 영역에서 일할 때는 새로운 지식이나 기술을 더 빠르고 효율적으로 익힐 수 있다. 이로 인해 업무 성과가 높아지고, 도전적인 과제에 대한 두려움이 줄어들며, 실패도 성장의 기회로 받아들이는 긍정적인 태도가 생긴다. 자신감과 자기 효능감이 높아지면서 더 높은 목표에 도전하고 성취를 반복하는 선순환이 이어진다.

3) 심리적 안정감의 확보

적성에 맞는 일을 할 때 사람은 자연스럽게 자기 확신과 자존감을 갖게 된다. 이는 자신의 선택과 행동에 대한 신뢰로 이어지고, 실패나 좌절을 경험해도 쉽게 흔들리지 않는 심리적 안정감을 준다. 적성에 맞는 환경에서 일하는 사람은 스트레스와 불안, 자기 부정의 감정이 줄어들고, 긍정적이고 건강한 정서 상태를 유지할 수 있다. 이런 심리적 안정감은 대인관계와 사회생활에서도 긍정적으로 작용해, 타인과의 갈등을 효과적으로 조율하고 새로운 도전과 변화에도 유연하게 대응할 수 있는 내적 힘이 된다.

4) 인생 전반에 대한 만족감 증대

적성에 맞는 일을 하며 살아가는 사람은 삶의 방향에 자부심을 느끼고,

자신의 선택에 확신을 갖게 된다. 이는 단순히 직업적 성취에 그치지 않고, 일상의 소소한 선택에서부터 인생 전체를 능동적으로 설계하고 주도하는 태도로 이어진다. 적성에 부합하는 삶을 사는 사람은 자신의 삶을 스스로 이끌어 간다는 주체적 감각을 가지며, 이는 전반적인 삶의 만족감과 행복감으로 연결된다. 자신의 강점과 흥미를 기반으로 한 삶은 장기적으로 번아웃이나 후회, 무기력감에서 벗어나 긍정적이고 의미 있는 인생을 살아갈 수 있게 한다.

5) 사회적 성공과 대인관계의 질적 향상

적성은 사회적 관계와 집단 내 역할에도 큰 영향을 미친다. 적성에 맞는 역할을 할 때 사람은 리더십, 협력, 공감 능력을 자연스럽게 발휘하게 되고, 이는 건강한 팀워크와 조직 내 조화를 이끄는 원동력이 된다. 적성에 맞는 일을 하는 사람은 자신감과 긍정적 에너지를 타인에게 전달하며, 동료와의 소통, 협업, 문제 해결 과정에서 핵심적인 역할을 맡는다. 이로 인해 조직 내에서 신뢰와 존중을 얻고, 사회적 성공과 평판을 쌓을 수 있다. 적성에 맞는 대인관계와 사회적 역할 수행은 개인의 사회적 네트워크를 넓히고, 다양한 기회와 성장을 경험하는 토대가 된다.

이처럼 적성은 진로 만족도, 업무 성과, 심리적 안정, 인생 만족감, 사회적 성공 등 인생의 거의 모든 영역에 깊고 긍정적인 영향을 미치는 핵심 요인이다. 자신의 적성을 이해하고 그에 맞는 길을 선택하는 일은 단순한 진로 결정이 아니라, 삶 전체의 질과 방향을 결정짓는 가장 중요한 출발점이 된다.

4. 성격과 적성의 관계방정식

"성격에 맞는 적성은 성공을 앞당기는 불꽃!
두 가지가 어우러질 때, 나만의 '무한상승 곡선'이 시작된다."

성격과 적성은 본질적으로 서로 다른 개념이지만, 인간의 삶과 진로 선택, 그리고 개인의 성장 과정에서 긴밀하게 맞물려 작용한다. 이 둘의 상호작용을 깊이 이해하는 일은 자기 이해와 진로 설계, 그리고 장기적인 삶의 만족과 성공에 있어 매우 중요한 역할을 한다.

1) 성격과 적성, 무엇이 다른가?

성격(Personality)은 개인이 세상을 인식하고 반응하는 행동 경향성과 정서적 특성을 의미한다. 예를 들어, 외향적, 내향적, 감성적, 논리적, 계획적, 즉흥적, 개방적, 보수적 등 다양한 성격 특성이 있다. 성격은 유전적 요인과 성장 환경, 경험에 의해 복합적으로 형성되며, 일상에서 어떻게 사고하고 감정을 조절하며 타인과 상호작용하는지에 깊은 영향을 준다.

반면, 적성(Aptitude)은 특정 활동이나 과업에 대해 타고난 능력의 가능성과 잠재력을 의미한다. 언어 능력, 수리적 사고력, 창의적 문제 해결력, 공간 지각력, 음악적 감각 등 각기 다른 분야에서 발휘되는 재능의 잠재적 기반이 바로 적성이다. 적성은 주로 "무엇을 잘할 수 있는가?"에 초점을 두며, 개인이 자연스럽게 몰입하고 성장할 수 있는 분야를 가늠하는 기준이 된다.

정리하면, 성격은 "어떻게 행동하는가?"를 결정하고, 적성은 "무엇을 잘할 수 있는가?"를 보여 준다. 이 두 요소는 마치 방향(성격)과 추진력(적성)을 동시에 제공하는 쌍둥이 축처럼, 개인의 역량 발현과 성장에 결정적인 역할을 한다.

2) 성격과 적성의 상호작용

성격과 적성은 독립적인 특성이지만, 실제 삶에서는 서로 깊이 연결되어 상호작용한다.

성격은 적성이 발휘되는 방식과 방향을 결정한다. 예를 들어, 똑같이 뛰어난 분석 능력을 가진 사람이라도 내향적이면 조용한 환경에서의 연구직에, 외향적이면 활발한 소통이 필요한 전략 컨설팅 분야에 더 적합할 수 있다. 즉, 성격은 적성의 발현 환경과 구체적 적용 분야를 결정짓는 필터 역할을 한다.

또한, 성격은 개인이 적성 분야에서 어떤 태도와 동기로 임하는지에도 영향을 준다. 성실하고 계획적인 성격은 장기적인 목표를 꾸준히 추구하는 데 유리하고, 개방적이고 창의적인 성격은 혁신적이고 새로운 분야에서 적성을 더 잘 발휘할 수 있다. 감성적이고 공감 능력이 뛰어난 사람은 대인관계 중심의 적성(상담, 교육 등)에서 강점을 보이기도 한다.

반대로, 적성은 성격이 구체적인 활동 속에서 성장할 수 있는 장을 제공한다. 적성에 맞는 환경에서 활동할 때, 개인은 자신의 성격적 강점을 자연스럽게 발달시키고 약점은 보완할 수 있는 기회를 얻는다. 예를 들어, 창의적 적성을 가진 사람이 디자인 분야에서 일할 때, 자신의 개방성과 독창성을 더욱 강화할 수 있다. 적성에 맞는 경험은 성격의 긍정적 측면을 부각시키고, 자기 효능감과 자존감을 높이는 데도 도움이 된다.

결국, 성격은 적성의 방향을 결정하고, 적성은 성격을 성장시키는 경험의 장을 제공한다. 이 두 요소가 서로 보완적으로 작용할 때, 개인은 자신의 잠재력을 최대한 발휘할 수 있다.

3) 성격과 적성의 조화가 중요한 이유

성격과 적성이 조화를 이루면, 개인은 몰입, 성과, 심리적 만족감을 동시에 경험하며 지속 가능한 성장을 이룬다.

자신의 성격에 맞는 환경에서 적성을 발휘할 때, 일이나 학습에 자연스럽게 몰입할 수 있고, 그 과정에서 높은 성취와 만족을 얻는다. 이는 자기 효능감과 자존감을 강화하며, 장기적으로 번 아웃이나 스트레스 없이 꾸준한 자기 계발과 성장을 가능하게 한다.

반대로, 성격과 적성이 맞지 않는 환경에 오래 노출되면 스트레스, 자기 효능감 저하, 심리적 번 아웃 등의 부작용이 생길 수 있다. 예를 들어, 내향적인 사람이 외향적 소통이 필수적인 직무에 오래 머무르면 피로감과 불안이 누적되고, 창의적인 사람이 반복적이고 경직된 환경에 있으면 동기 저하와 무기력감을 겪을 수 있다.

성격 × 적성, 시너지가 폭발한다!

따라서 자신의 성격과 적성을 균형 있게 이해하고, 두 요소가 서로를 보완하며 시너지를 낼 수 있는 환경과 활동을 설계하는 것이 무엇보다 중요하다. 이를 위해 자기 탐색과 다양한 경험, 그리고 전문가의 진로 상담 등을 적극적으로 활용하는 것이 바람직하다.

성격과 적성의 조화는 단순한 진로 선택을 넘어, 개인의 삶의 질과 장기적인 행복, 그리고 사회적 성공의 핵심 기반이 된다.

5. 타고난 적성이 최고의 경쟁력이다

타고난 적성은 누구에게나 내재된 본질적이고 강력한 내면의 자원이다. 적성은 단순한 재능이나 능력을 넘어, 각자가 타고난 성향과 몰입의힘, 그리고 삶을 살아가는 고유한 에너지를 의미한다. 자신의 적성을 깊이 이해하고 그에 맞는 삶의 방향을 설정하면, 타인과 비교하지 않고 자신만의 길을 찾을 수 있다. 진정한 성공은 외부 기준에 맞추는 것이 아니라, 자신의 본성을 존중하며 적성에 따라 몰입하고 성장하는 과정에서 완성된다.

적성을 발견하고 존중하는 삶은 자기 신뢰와 내면의 평온을 가져다준다. 적성에 맞는 길을 선택하는 것은 단순한 진로나 직업의 문제가 아니라, 인생 전체의 방향성과 자기실현과 연결된다. 적성은 성장 과정에서다양한 경험과 자기 성찰을 통해 점차 구체적으로 발견할 수 있으며, 자신만의 강점과 약점을 객관적으로 바라보고 몰입할 수 있는 분야를 찾는것이 자기다운 삶의 시작이다.

따라서 지금은 자신의 타고난 적성을 발견하고, 그 위에 자기답고 의미있는 인생을 설계해 나가야 할 때다. 비교와 모방이 아닌 자기 이해와 몰입, 그리고 성장의 기쁨이 가득한 삶을 선택하는 것이 중요하다. 적성을 존중하고 계발하는 삶은 자기 자신과의 깊은 대화와 조화 속에서 완성되며, 각자가 자신의 고유한 길을 찾아 의미 있고 만족스러운 인생을 설계해 나가야 한다.

—

Chapter 3

아이들은 모두 소중하고
누구나 특별하다

"우리 모두는 저마다 고유한 지능을 갖고 태어났으며,

그것을 발견하고 키우는 것이 우리의 할 일이다."

_하워드 가드너

지능에 대한 새로운 교육 패러다임이 등장하고 있다. 과거에는 언어적·수리적 능력이 뛰어난 사람을 IQ 점수로 평가하며 '지능이 높다.'고 여겼고, 그 기준에 따라 개인의 진로나 가능성까지 판단하곤 했다.

하지만 지능이 정말 하나의 형태로만 존재하는지에 대해 의문을 품은 하워드 가드너는, 인간의 지적 능력이 단일하지 않다는 점을 강조하며 다중지능이론을 제시했다.

가드너는 "우리 모두는 저마다 고유한 지능을 갖고 태어났으며, 그것을 발견하고 키우는 것이 우리의 할 일"이라고 말한다. 이처럼 다중지능이론은 지능의 다면성과 다양성을 인정하며, 교육의 기준을 더 넓고 유연하게 확장하는 데 중요한 전환점을 마련해 주었다.

각 개인이 가진 고유한 강점을 존중하고, 다양한 지능이 모두 가치 있다는 관점을 바탕으로 교육이 이루어져야 함을 시사한다.

1. 다중지능의 탄생
- 한 가지 재능에 머물지 마라!

"하워드 가드너의 다중지능이론은
당신 안의 '8개의 지능 엘리트'를 깨운다.
꿈의 무대를 넓혀라!"

하워드 가드너 교수의 다중지능이론은 1983년 《마음의 틀(Frames of Mind)》에서 처음 제시된 이후, 기존의 지능관에 큰 변화를 가져온 이론이다.

전통적으로 지능은 언어적·논리 수학적 능력에 치우쳐 있었고, IQ 점수와 같은 단일하고 고정된 기준으로 인간의 지적 역량을 평가해 왔다. 하지만 가드너 교수는 인간의 지능이 결코 하나로만 설명될 수 없다는 문제의식을 갖고, 지능이 서로 독립적이면서도 상호 보완적인 여러 영역으로 구성되어 있다고 보았다.

가드너는 인간이 각기 다른 방식으로 세상과 상호 작용하며, 누구나 고유한 지능 조합을 가지고 있다고 강조한다. 즉, 모든 사람은 언어, 논리-수학, 공간, 신체-운동, 음악, 대인관계, 자기이해, 자연주의적 지능 등 다양한 영역에서 서로 다른 강점과 잠재력을 지니고 있다는 것이다.

이 이론은 기존의 IQ 중심 교육이 놓치기 쉬운 개별적 잠재력과 다양성을 인정하고, "모든 아이는 각자의 방식으로 배울 수 있다."는 신념에 바탕을 두고 있다. 실제로 다중지능이론은 전 세계 교육 현장에서 개별화 교육, 창의성 개발, 뇌기반 학습, 특성화 교육과정 등 다양한 형태로 응용되고 있다. 교실에서는 학생 각자의 다양한 지능을 존중하여, 각자의 강점을 살린 맞춤형 학습 전략과 평가 방법이 도입되고 있다. 예를 들어, 수학을 어려워하는 학생에게는 음악, 미술, 신체 활동 등 자신이 강점을 가진 영역을 활용해 수학 개념을 익히도록 지도할 수 있다.

다중지능이론은 교육뿐만 아니라 진로 설계, 자기 이해, 조직 관리 등 다양한 분야에 실질적인 영향을 미치고 있다. 이 이론은 전통적인 지능관이 놓치기 쉬운 개인의 잠재력과 강점을 발견하고 계발하는데 도움을 주며, 인간의 지적 능력을 보다 넓고 포괄적으로 이해할 수 있도록 이끌었다.

즉, 다중지능이론은 "얼마나 똑똑한가?"가 아니라 "어떻게 똑똑한가?"를 묻는 새로운 관점의 출발점이 되었고, 모든 인간이 각자의 방식으로 성장하고 성공할 수 있음을 뒷받침하는 이론적 근거가 되고 있다.

2. 다중지능의 핵심 개념
- 다양성의 시대, 여러 가지 길이 열린다

"'나는 왜 다르지?' 그 질문이 곧 경쟁력!
각자 가진 지능이 다르고, 그렇기에 모두가 특별하다."

다중지능이론은 기존의 단편적이고 획일적인 지능평가 방식을 넘어, 인간의 지능을 보다 더 총체적이고 다면적인 관점에서 이해하려는 새로운 시도에서 출발한다. 이 이론이 제시하는 핵심 개념은 다음과 같다.

1) 지능의 다양성

하워드 가드너는 인간의 지능이 단일하고 획일적인 능력이 아니라, 언어, 논리-수학, 공간, 신체-운동, 음악, 대인관계, 자기이해, 자연탐구 등 최소 8가지 이상의 독립적인 지능으로 구성되어 있다고 보았다.

각 지능은 고유한 뇌 구조와 심리적 기능을 바탕으로 서로 다르게 발달하고 작동한다. 이런 관점은 전통적인 IQ 중심의 지능관이 인간의 능력을 너무 제한적으로 평가한다는 점을 비판하며, 모든 사람은 각기 다른 강점과 잠재력을 가지고 있음을 인정한다.

즉, 한 사람이 언어 지능이 뛰어나더라도 논리-수학 지능이 약할 수 있고, 반대로 신체-운동 지능이나 음악 지능이 더 뛰어날 수 있다. 이처럼 지능의 다양성은 인간의 능력과 가능성을 더 넓게 바라보게 해 주며, 교육과 진로 설계에서 개별화된 접근의 필요성을 강조한다.

2) 지능 간의 독립성과 상호보완성

다중지능이론에서는 각 지능이 독립적으로 존재하지만, 실제 삶에서는 서로 상호작용하며 융합적으로 작동할 수 있음을 강조한다.

예를 들어, 음악적 지능과 논리·수학적 지능은 패턴 인식 능력을 공유해 음악 작곡이나 분석에서 함께 발달할 수 있다. 또, 대인관계 지능과 언어 지능은 통합적으로 작용해 뛰어난 의사소통 능력이나 리더십, 협상력 등으로 나타날 수 있다.

각 지능은 독자적인 특성을 가지면서도 실제 문제 해결이나 창의적 산출물 창조 과정에서는 서로 보완적 역할을 한다. 즉, 인간의 복합적인 사고와 행동은 다양한 지능의 융합적 작용 결과이며, 한 가지 지능만이 아닌 여러 지능의 조화로운 계발이 중요하다는 점을 보여 준다.

3) 지능의 발달 가능성

가드너는 지능이 선천적으로 주어지는 측면도 있지만, 적절한 교육과 환경, 경험을 통해 충분히 계발될 수 있는 잠재적 자원이라고 본다. 다중지능이론은 지능을 고정된 능력이 아니라 성장 가능성이 열려 있는 '개발 가능한 역량'으로 본다.

예를 들어, 언어 지능이 약한 아이라도 독서, 토론, 글쓰기 등 다양한 언어활동을 통해 성장할 수 있고, 신체-운동 지능이 뛰어난 아이라도 미술, 음악 등 다른 영역의 경험을 통해 새로운 지능을 계발할 수 있다.

이처럼 누구나 자신의 강점을 기반으로 다양한 지능을 계발할 수 있다는 희망과 가능성을 열어 주며, 교육이 개인의 잠재력 계발에 적극적으로 기여해야 함을 시사한다.

4) 맥락에 따른 지능의 발현

다중지능이론은 지능이 특정 상황과 환경에서 다르게 발현된다고 본다. 가정, 학교, 사회, 직장 등 다양한 생활공간에서 각 지능이 독특하게 작동하며, 문화적·사회적 맥락, 개인의 경험, 과제의 특성에 따라 지능의 발현 양상이 달라진다.

예를 들어, 한 아이가 학교에서는 논리-수학 지능이 두드러지지만, 가정이나 또래 집단에서는 대인관계 지능이나 음악 지능이 더 잘 드러날 수 있다. 이런 지능의 발현은 획일적인 기준이 아니라, 개인의 차이와 상황적 맥락을 반영한 맞춤형 접근이 필요함을 보여 준다.

따라서 교육 현장에서는 학생 개개인의 다양한 지능과 그 발현 맥락을 존중하며, 각자의 강점을 살릴 수 있는 환경과 기회를 제공해야 한다.

5) 개별성에 기초한 교육의 중요성

다중지능이론에서는 모든 학생이 동일한 교육 방식이나 평가로 능력을 드러내는 것이 아니라, 각자의 지능적 강점과 약점에 따라 학습 방식이 달라질 수 있음을 강조한다. 따라서 효율적인 교육을 위해서는 학습자의 다양한 지능을 고려한 맞춤형 교육과 다양한 평가 방법이 필요하다.

예를 들어, 언어 지능이 강한 학생은 토론이나 글쓰기를 통해, 신체-운동 지능이 뛰어난 학생은 실험이나 체험 활동을 통해 자신의 능력을 더 효과적으로 발휘할 수 있다. 이러한 개별화된 접근은 학생이 자기 주도적으로 학습할 동기를 높여 주며, 잠재력을 최대한 계발하는 데 중요한 역할을 한다.

이처럼 다중지능이론은 인간의 지능을 단일 척도로 평가하는 기존 관점에서 벗어나, 다양한 지능의 존재와 그 발달 가능성, 그리고 개인의 맥락에 맞는 맞춤형 교육의 필요성을 강조한다. 이를 통해 모든 개인이 자신만의 강점과 잠재력을 발견하고 계발할 수 있는 길이 열리게 된다.

3. 여덟 개의 다중지능, 저마다의 특별함이 있다

"언어, 논리, 음악, 공간, 신체, 대인, 자기성찰, 자연지능…
누구나 최소 한 분야의 챔피언!"

하워드 가드너의 다중지능이론은 인간의 지능을 단일한 능력이 아니라, 서로 독립적이면서도 고유한 강점을 지닌 여덟 가지 유형으로 구분한다. 각 지능은 특정한 사고방식과 표현 양식을 가지고 있으며, 개인의 삶, 진로, 학습 방식에 깊은 영향을 미친다. 아래는 각 지능 유형에 대한 설명이다.

1) 언어지능(Linguistic Intelligence)

언어지능은 말하기, 읽기, 쓰기, 듣기 등 언어를 효과적으로 사용하고 이해하는 능력이다. 이 지능이 높은 사람은 단어의 미묘한 차이를 잘 구분하고, 풍부한 어휘력과 논리적 표현력, 설득력 있는 글쓰기와 말하기 능력을 보인다. 이야기를 만들거나 토론을 이끌고, 정보를 명확하게 전달하는 데 강점이 있다.

작가, 기자, 변호사, 교사, 연설가, 방송인 등은 언어지능을 바탕으로 탁

월한 소통 능력을 발휘한다. 어릴 때부터 책 읽기, 토론, 일기 쓰기, 스토리텔링 등 언어 관련 활동을 즐기는 경향이 강하다.

2) 논리·수리지능(Logical-Mathematical Intelligence)

논리·수리지능은 수리적 추론, 논리적 분석, 과학적 탐구에 능하며, 체계적이고 분석적으로 문제를 해결하는 능력이다. 숫자, 패턴, 규칙, 논리적 관계를 빠르게 파악하고, 실험·추론·가설 검증 등 과학적 방법론을 잘 활용한다.

수학자, 과학자, 프로그래머, 회계사, 분석가 등은 이 지능이 높으며, 복잡한 문제를 구조화하고 체계적으로 해결하는 데 강점을 가진다. 추리게임, 실험, 데이터 분석, 논리적 토론을 즐기며, 수학·과학·컴퓨터 분야에서 두각을 나타낸다.

3) 공간지능(Spatial Intelligence)

공간지능은 도형, 이미지, 지도, 입체 구조 등 시각 정보를 정확하게 인식하고, 이를 머릿속에서 조작하거나 창조하는 능력이다. 이 지능이 뛰어난 사람은 사물을 시각적으로 상상하고, 도면이나 지도를 읽고, 복잡한 구조를 설계하거나 예술적으로 표현하는 데 탁월하다.

건축가, 디자이너, 화가, 항공기 조종사, 사진작가 등은 공간지능을 활용해 시각적 창조력과 문제 해결력을 발휘한다. 그림 그리기, 퍼즐 맞추기, 모형 만들기, 지도 탐색, 사진 촬영 등 시각·공간적 활동을 즐긴다.

4) 신체·운동지능(Bodily-Kinesthetic Intelligence)

신체·운동지능은 자신의 몸을 정교하게 조절하고, 움직임을 통해 사고를 구현하거나 감정을 표현하는 능력이다. 이 지능이 높은 사람은 손과 몸을 섬세하게 다루며, 운동, 무용, 연기, 수공예 등에서 뛰어난 성취를 보인다.

운동선수, 무용가, 배우, 외과의사, 요리사 등은 신체를 활용한 창의적 표현과 문제 해결 능력이 뛰어나다. 신체 활동, 스포츠, 춤, 연극, 만들기 등 몸을 활용한 다양한 경험을 통해 성장하며, 실제적이고 체험적인 학습을 선호한다.

5) 음악지능(Musical Intelligence)

음악지능은 음의 높낮이, 리듬, 멜로디, 화성 등 음악적 요소를 민감하게 인식하고, 이를 창조적으로 표현하는 능력이다. 이 지능이 높은 사람은 소리의 미묘한 차이를 잘 구별하고, 음악을 듣거나 연주하고 작곡하는 데 깊은 몰입과 기쁨을 느낀다.

작곡가, 연주자, 가수, 음악 교사, 사운드 디자이너 등은 음악지능을 바탕으로 예술적 감각과 창조성을 발휘한다. 악기 연주, 노래 부르기, 작곡, 음악 감상 등 다양한 음악 활동을 즐기며, 소리와 리듬을 통한 자기표현에 능숙하다.

6) 대인관계지능(Interpersonal Intelligence)

대인관계지능은 타인의 감정, 동기, 욕구, 의도를 잘 이해하고, 효과적으로 소통하며 협력하는 능력이다. 이 지능이 뛰어난 사람은 공감 능력이 높고, 갈등을 중재하거나 팀을 이끄는 리더십, 설득력, 협상력 등에서 강점을 보인다.

상담가, 교육자, 협상가, 리더, 정치가, 사회복지사 등 인간관계와 소통이 중요한 역할에서 이 지능이 크게 작용한다. 토론, 집단 활동, 리더십 훈련 등에서 두각을 나타내며, 타인과의 상호작용을 통해 자신의 역량을 극대화한다.

7) 자기성찰지능(Intrapersonal Intelligence)

자기성찰지능은 자신의 감정, 생각, 욕구, 신념 등을 깊이 인식하고 성찰하며, 자기 조절과 자기 이해를 통해 삶의 방향을 설정하는 능력이다. 이 지능이 높은 사람은 내면의 동기와 감정을 잘 파악하고, 자기 목표를 명확히 세우며, 자기 주도적으로 성장한다.

철학자, 작가, 심리학자, 연구자, 명상가 등 자기이해와 깊은 사고가 요구되는 분야에서 강하게 발현된다. 일기 쓰기, 명상, 자기 평가, 목표 설정 등 자기 성찰적 활동을 즐기며, 자기 계발과 내적 성장에 큰 관심을 보인다.

8) 자연지능(Naturalistic Intelligence)

자연지능은 동식물, 자연환경, 생태계 등 자연 현상을 민감하게 관찰하고 분류하며 이해하는 능력이다. 이 지능이 뛰어난 사람은 자연의 변화와 생명체의 특성에 관심이 많고, 동식물의 분류, 환경 보호, 생태계 연구 등에 강점을 보인다.

생물학자, 생태학자, 환경운동가, 원예가 등 자연과 밀접한 분야에서 두드러진 역량을 발휘한다. 야외 활동, 동식물 관찰, 환경 캠페인, 자연 탐사 등 다양한 자연 체험을 즐기며, 자연과의 교감에서 큰 만족을 얻는다.

이처럼 다중지능이론의 8가지 지능은 각각 독립적이지만 서로 보완적으로 작용한다. 누구나 모든 지능을 가지고 있지만, 그 발현 양상과 강점은 개인마다 다르게 나타난다. 각 지능의 특성을 이해하고 계발하는 일은 자기 이해, 진로 설계, 행복한 삶을 위한 중요한 출발점이 된다.

4. 다중지능이론이 유아에게 주는 가장 큰 희망은?
- 유아기부터 무한한 가능성 ON!

"아이들은 각기 다른 꽃과 같다.

피는 시기도, 모양도 다르지만, 모두 아름답다."

다중지능이론이 유아에게 주는 가장 큰 희망은 모든 아이가 각자의 방식으로 똑똑하며, 누구나 자신만의 강점과 잠재력을 존중받고 계발할 수 있다는 믿음을 실제로 실현할 수 있게 해준다는 점이다. 이 이론은 전통적으로 언어와 수리 능력만을 중시하던 평가 기준에서 벗어나, 음악, 신체, 공간, 대인관계 등 다양한 지능이 모두 고유한 가치와 의미를 가진다는 점을 강조한다. 이러한 관점은 유아교육 현장에 여러 긍정적이고 혁신적인 변화를 가져온다.

1) 자신만의 강점 발견과 자존감 향상

다중지능이론은 유아가 남과 비교되지 않고, 자신이 잘하는 영역을 자연스럽게 발견하도록 돕는다. 이를 통해 아이는 자기 자신을 긍정적으로 인식하고, 자아존중감과 자신감을 키워 나갈 수 있다. 예를 들어, 언어지능이 뛰어난 아이는 책 읽기와 이야기 짓기, 신체운동지능이 강한 아이는 놀이와 스포츠를 통해 자신의 강점을 발견한다. 이 과정에서 아이는 자신의 강점뿐 아니라 약점도 인식하게 되어, 스스로 노력해야 할 부분을 알게 된다.

2) 다양한 가능성의 계발 기회 제공

다중지능이론은 획일적인 기준이 아니라 여러 지능 영역에서 자신의 잠재력을 자유롭게 탐색할 수 있는 교육 환경을 제공한다. 유아는 음악, 미술, 신체활동, 자연탐구, 협동 놀이 등 다양한 경험을 통해 자신의 흥미와 재능을 주도적으로 계발하게 된다. 이런 환경에서는 아이가 한 가지 영역에만 머무르지 않고, 여러 지능을 복합적으로 활용하면서 새로운 가능성을 발견할 수 있다.

3) 개별화된 맞춤형 성장 지원

다중지능이론은 모든 아이가 동일한 방식으로 배우지 않는다는 점을 인정한다. 그래서 각자의 속도와 스타일에 맞는 교육적 접근이 가능해지고, 이는 유아의 자기주도적 성장과 학습 동기 향상으로 이어진다. 한 아이는 시각적 자료와 그림, 다른 아이는 신체 활동이나 노래를 통해 더 효과적으로 학습할 수 있다. 이런 개별화 교육은 아이의 고유한 사고 형태와 학습 방식을 존중하고, 자신만의 방식으로 배운 내용을 표현할 수 있게 해 준다.

4) 포용적이고 존중받는 교육 문화 형성

다중지능이론은 모든 지능이 존중받아야 할 소중한 자원임을 강조한다. 이런 인식은 유아가 학교와 사회에서 소외되지 않고, 누구나 인정받고 소중히 여겨지는 포용적 교육 환경을 만든다. 각자의 다름을 인정하고 존중하는 분위기 속에서 아이들은 자신과 타인의 다양성을 자연스럽게 받아들이고, 협력과 배려, 공감 능력을 키운다. 포용적 문화는 아이가 실패나 약점을 두려워하지 않고, 타인의 강점과 차이를 긍정적으로 바라보는 태도를 갖게 한다.

5) 전인적 성장과 문제해결력 증진

다중지능이론에 기반 한 교육은 유아의 전인적 발달을 돕는다. 다양한 지능 영역을 활용한 학습 활동은 아이의 과학적 문제해결력, 창의적 사고, 자기이해, 대인관계 능력 등 전반적인 역량을 고르게 키운다. 놀이와 체험 중심의 교육은 아이가 스스로 문제를 발견하고 해결하는 힘을 기르는 데 중요한 역할을 하며, 이는 미래 사회에서 요구되는 핵심 역량으로 이어진다.

이처럼 다중지능이론은 개별적으로 유아의 고유한 가능성과 강점을 발견하고 계발할 수 있도록 돕는 혁신적이고 희망적인 교육 철학이다. 모든 아이가 자신의 방식대로 배우고 성장할 수 있다는 믿음은 유아교육의 패러다임을 바꾸고, 미래 세대의 전인적 성장과 행복을 실현하는 데 중요한 역할을 한다.

결국, 다중지능이론은 유아에게 이렇게 말해 준다.

"너는 너만의 방식으로 충분히 소중하고 특별한 존재야."

이 말은 아이가 각자의 자리에서 빛나고 성장할 수 있는 희망과 가능성의 문을 활짝 열어 주는 교육의 진정한 출발점이 된다.

5. 다중지능이론이 제시하는 새로운 교육 패러다임

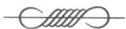

"한 가지 기준으로 재능을 정의할 수 없다.
여덟 가지 지능이 교육의 미래다."

하워드 가드너의 다중지능이론은 모든 사람이 자신만의 방식으로 똑똑하다는 사실을 과학적으로 뒷받침한다. 이제 더 이상 '머리가 좋다.'는 것을 성적이나 IQ 점수로만 한정 짓지 않고, 다양한 지능을 인정하고 각자의 강점을 키우는 교육과 사회적 문화를 만들어야 한다.

우리는 모두 서로 다른 강점과 재능을 가지고 태어난다. 모든 지능은 고유의 가치를 가지며, 저마다의 자리에서 빛날 수 있다. 우리 안에 존재하는 지능의 씨앗을 발견하고, 그것을 성장시키기 위한 의미 있는 여정을 시작해야 한다.

다중지능이론이 제시하는 새로운 교육 패러다임은 다음과 같다.

첫째, 재능을 한 가지 기준으로만 평가해서는 안 된다. 사람마다 서로 다른 지능을 가지고 태어나며, 각자 자신만의 강점과 장점이 있다. 어떤 사람은 언어 능력이 뛰어나고, 어떤 사람은 숫자에 강하며, 또 어떤 사람은 예술적 감각이나 신체적 능력이 뛰어나다.

둘째, 다중지능이론은 이러한 다양한 지능 모두를 인정하고 존중해야 한다고 말한다. 기존의 교육은 주로 언어 지능과 논리·수리 지능에 집중했지만, 앞으로는 음악, 공간, 신체운동, 대인관계, 자기성찰, 자연 탐구 등 여러 지능을 균형 있게 키워야 한다.

셋째, 교사는 학생 개개인의 지능 특성을 이해하고, 그에 맞는 맞춤형 교육을 제공해야 한다. 예를 들어, 음악에 강한 학생은 노래와 리듬을 활용한 학습이 효과적이고, 공간 지능이 뛰어난 학생은 그림이나 모델을 활용해 배우는 것이 더 쉽다.

넷째, 다중지능에 기반 한 교육은 단순히 지식을 전달하는 데 그치지 않고, 학생의 자신감과 동기를 높이며, 창의력과 문제 해결 능력, 협력 능력 등 전인적 성장을 돕는다.

마지막으로, 모든 사람은 각자 빛날 수 있는 재능의 씨앗을 가지고 있음을 기억해야 한다. 모든 지능은 고유한 가치를 가지므로, 포용적이고 공평한 배움터를 만들어야 한다. 이렇게 할 때 학생들은 자신만의 방식으로 성장하며, 미래 사회가 필요로 하는 다양한 능력을 갖춘 인재로 거듭날 수 있다.

따라서 다중지능이론은 교육의 다양화와 학생 개개인의 잠재력 극대화에 큰 의미를 가지며, 교사와 부모, 사회가 함께 노력하여 다양한 지능을 인정하고 키우는 교육 문화를 만들어 가는 것이 중요하다.

Chapter 4

조기 적성검사는
미래에 대한 투자다

"아이의 가능성을 조기에 발견하는 것,

그것이 진정한 부모의 선견지명(先見之明)이다."

의학에서 골든타임은 질병이나 외상 치료에 있어 최적의 개입 시점을 의미하며, 생명과 회복을 좌우하는 중요한 순간으로 여겨진다. 이 골든타임의 개념은 교육과 성장의 영역에도 똑같이 적용할 수 있다. 특히 유아기와 아동기는 적성과 가능성을 발견하고 계발할 수 있는 결정적인 시기이기 때문에, 아이의 미래를 설계하는 데 있어 회복할 수 없는 시간의 공백이 생기지 않도록 주의해야 한다. 아이들이 정체성을 탐색하며 방황하기 전에, 그리고 부모가 불안해서 서둘러 방향을 강요하기 전에, 먼저 아이의 내면에 자리 잡은 가장 본질적이고 정확한 '내적 나침반'인 적성을 발견하는 것이 중요하다. 결국 골든타임이란 준비된 어른이 준비된 시선으로 아이를 바라보는 '적절한 순간'이며, 그 시기를 놓치지 않는 것이 부모가 해 줄 수 있는 가장 본질적인 교육적 개입이다.

1. 조기 적성검사가 중요한 이유

"자신의 강점을 빨리 발견할수록, 더 빨리 발전시킬 수 있다."

아이의 적성을 이해하고 올바른 방향을 설정하는 데도 '골든타임'이 존재한다. 그 시기는 바로 유아기와 아동기이다. 이 시기는 뇌의 가소성이 높고, 성향과 흥미, 잠재력이 자연스럽게 표출되는 시기로, 적성검사를 통해 아이의 강점과 가능성을 조기에 발견하고, 그에 맞는 방향으로 이끌어줄 수 있는 결정적 시기이다.

1) 성향과 잠재력의 조기 파악

유아기와 아동기는 아이의 성격, 흥미, 인지 유형, 재능이 아직 고정되지 않은 가능성의 시기이다. 이 시기에 적성검사를 실시하면, 아이의 기질, 감정 반응, 선호 활동, 문제해결 방식 등 다양한 측면을 객관적으로 이해할 수 있다. 일상생활에서의 행동 관찰, 창의적 활동 평가, 언어 및 사회성 발달 검사, 인지 능력 검사 등 다양한 방법을 활용해 아이의 타고난 성향과 강점을 조기에 발견할 수 있다. 적성의 조기 파악은 단순히 재능을 찾는 데 그치지 않고, 약점이나 보완이 필요한 부분까지 확인하여 균형 잡힌 발달을 유도한다.

2) 진로 설계를 위한 조기 대비

진로 설계는 단순한 희망이 아니라, 구체적인 탐색과 자기이해 위에서 자라나는 현실적 목표이다. 조기 적성검사는 아이가 자신의 강점과 관심 분야를 명확히 인식하게 해 장기적인 진로 설계의 기반을 마련한다. 어릴 때부터 적성과 흥미를 파악하면, 아이는 자신의 미래를 능동적으로 설계하고, 변화하는 사회 환경에 유연하게 대응할 수 있는 역량을 기를 수 있다. 진로 목표를 막연한 꿈이 아니라 실현 가능한 계획으로 구체화할 수 있고, 자신에게 맞는 다양한 경험과 활동을 시도할 동기를 부여받는다.

3) 학습 방식과 관심 분야 탐색

조기 적성검사는 아이가 시각, 청각, 신체, 언어 등 어떤 방식의 학습 유형에서 가장 잘 반응하는지, 어떤 활동에서 몰입하는지를 객관적으로 파악할 수 있게 해 준다. 이를 바탕으로 맞춤형 학습 전략이 가능하며, 아이는 학습 자체에 흥미와 자발성을 느끼고, 몰입도와 성취감이 크게 향상된다. 학습의 효율성뿐 아니라, 실패 경험 이후의 회복탄력성, 자기 주도적 문제해결력 등 학습 태도 전반에도 긍정적 영향을 미친다. 다양한 경험을 통해 자신에게 맞는 학습법을 찾는 과정은 평생 학습자로 성장하는 데 중요한 밑거름이 된다.

4) 긍정적 자아 개념과 자신감 형성

자신의 강점과 가능성을 구체적으로 이해한 아이는 자신에 대한 긍정적 이미지와 자신감을 갖게 된다. 조기 적성검사는 아이가 스스로를 '할 수 있는 존재'로 인식하게 하여, 도전 앞에서의 주도성과 회복탄력성을 키우고, 자기효능감을 강화한다. 긍정적 자아개념은 학업, 사회성 등 모든 영역의 성장에 토대가 되며, 외부 환경의 변화나 어려움에도 흔들리지 않는 내적 기준을 갖도록 돕는다. 작은 성공 경험을 반복적으로 제공해 자존감과 효능감을 높이는 과정이 선행되어야 하며, 이는 진로 탐색 및 자기계발의 지속적 동기로 작용한다.

5) 학업 성취도 및 장기적 동기 부여

자신의 적성과 연결된 분야를 발견한 아이는 학습에 명확한 목적과 방향을 갖게 된다. 이는 단순히 성적 향상에 그치지 않고, 공부의 이유와 목표를 아는 학습자로 성장하게 한다. 장기적으로 자기 주도적 학습 태도와 내적 동기가 강화되어, 지속 가능한 학습 성과로 이어진다. 적성에 맞는 목표 설정은 도전과 실패를 반복하면서도 쉽게 포기하지 않고, 새로운 목표를 향해 꾸준히 성장할 수 있는 힘을 길러 준다.

6) 부모와 자녀 간 소통의 질적 향상

적성검사는 부모가 아이를 객관적이고 균형 있는 시선으로 바라볼 수 있게 한다. 이는 자녀에 대한 비현실적 기대나 비교심리에서 벗어나, 아이의 고유한 성향과 강점을 인정하는 출발점이 된다. 검사 결과를 바탕으로 부모는 아이와 더 깊이 소통하고, 아이의 감정과 생각을 존중하는 태도를 기를 수 있다. 이 과정에서 부모와 자녀 간의 신뢰와 유대감이 강화되고, 불필요한 갈등이 줄며, 진정성 있는 소통 환경이 마련된다. 부모의 관심과 적극적 참여는 아이의 성장에 결정적인 영향을 미치며, 전문가의 조언과 협력도 중요하다.

7) 시대 변화와 조기 적성검사의 필요성

AI 시대, 초연결 사회, 빠르게 변하는 직업 환경에서 진로의 불확실성과 유동성은 더욱 커지고 있다. 조기 적성검사는 아이가 자신의 고유한 정체성과 방향성을 스스로 설계할 수 있도록 돕는 진로 내비게이션 역할을 하며, 혼란의 시대를 살아갈 내적 기준을 마련해 준다. 미래인재적성연구소의 '미래인재 선천적성검사'와 전문가 상담은 학생 개개인의 특성과 진로 목표를 과학적으로 분석하여, 맞춤형 진로 설계와 자기이해를 지원한다. 이는 단순한 검사 그 이상의 의미를 가지며, 미래 사회의 변화에 능동적으로 대응할 수 있는 인재로 성장하는 데 필수적인 과정이다.

조기 적성검사는 아이가 자신을 이해하고, 세상과 연결되는 첫 출발점이 된다. 그 시작이 빠를수록, 아이는 자신의 길을 더 주체적이고 자신 있게 걸어갈 수 있는 힘을 갖게 된다. 조기 적성검사는 아이의 잠재력 발견, 진로 설계, 맞춤형 학습, 긍정적 자아 형성, 부모·자녀 소통, 그리고 미래 사회 대응력까지 아우르는 결정적 성장의 골든타임을 놓치지 않게 하는 가장 효과적이고 과학적인 방법이다.

2. 조기 적성검사가 주는 이점

"남보다 한 발 빠른 시작, 남다른 결과!
성장의 가속도를 보장한다."

방향은 타고난 기질과 강점이 만났을 때, 가장 자연스럽고 강력한 동력으로 작용한다. 조기 적성검사는 아이가 자신을 이해하고 주도적으로 미래를 설계할 수 있도록 돕는 중요한 성장의 출발점이다. 각 항목별로 조기 적성검사가 주는 이점을 살펴보면 다음과 같다.

1) 성향 파악 - 기질과 강점의 조기 발견

성향 파악 측면에서 조기 적성검사는 아이의 타고난 기질, 성격, 흥미, 강점 등 다양한 특성을 객관적으로 파악할 수 있게 한다. 뇌 발달 단계에 맞춰 아이가 자연스럽게 드러내는 행동, 감정, 관심사를 세밀하게 관찰하고 분석함으로써, 인지적·정서적 성장 가능성을 예측할 수 있다. 이를 통해 어떤 환경과 방식에서 아이가 가장 큰 잠재력을 발휘할 수 있는지 미리 알 수 있으며, 약점이나 발달 지연 위험까지 조기에 인지해 균형 잡힌 지원이 가능하다. 결과적으로, 아이의 강점을 살릴 수 있는 맞춤형 교육, 놀이, 경험을 제공하는 데 중요한 기초가 된다.

2) 진로 탐색 - 꿈과 목표의 구체화

진로 탐색 측면에서 조기 적성검사는 아이가 자신의 적성과 흥미를 바탕으로 꿈과 목표를 구체적으로 설계할 수 있는 기회를 제공한다. 막연한 희망이나 부모의 기대가 아니라, 실제로 잘할 수 있고 즐거움을 느끼는 분야를 일찍부터 탐색할 수 있게 하며, 장기적 학습·성장 로드맵을 세울 수 있다. 이는 변화하는 사회와 직업 환경에 능동적으로 대응하는 힘을 길러 주고, 진로의식이 굳어지기 전 다양한 경험과 탐색을 통해 자신에게 맞는 길을 찾는 데 결정적인 역할을 한다.

3) 학습 전략 - 맞춤형 학습 방식 최적화

학습 전략 측면에서 조기 적성검사는 각 아이의 인지유형과 흥미를 객관적으로 분석해 가장 효과적인 학습 전략을 수립할 수 있도록 돕는다. 맞춤형 학습법은 학습 효율성과 집중력을 높이고, 학습에 대한 흥미와 자발성을 증진시킨다. 장기적으로 자기주도적 학습 태도를 기를 수 있으며, 이는 아이가 스스로 학습 목표를 설정하고 다양한 문제 상황에서 창의적으로 대처할 수 있는 능력을 키우는 데 도움이 된다.

4) 자아 형성 - 긍정적 자아개념과 자신감 구축

자아 형성 측면에서 조기 적성검사는 아이가 자신의 강점과 가능성을 일찍부터 인식해 긍정적 자아개념을 형성하고 자신감 있게 도전할 수 있도록 한다. 자신의 재능과 한계를 객관적으로 받아들이고, 도전과 실패의 상황에서도 쉽게 좌절하지 않고 회복탄력성과 자기효능감을 키울 수 있다. 이는 외부의 비교나 평가에 흔들리지 않고 자기주도적으로 성장할 수 있는 내적 기준을 마련하는 데 결정적이다.

5) 부모 소통 - 공감대 형성과 신뢰 강화

부모 소통 측면에서 조기 적성검사는 부모가 자녀를 객관적으로 이해하고, 아이의 고유한 성향과 강점을 인정하는 출발점이 된다. 부모와 아이 간에 공감대가 형성되고 신뢰가 강화되어, 불필요한 갈등이나 비교에서 벗어나 진정성 있는 소통이 가능해진다. 부모는 아이의 적성에 맞는 지원과 격려를 제공할 수 있고, 아이 역시 부모의 관심과 지지를 실감하며 더 건강하게 성장할 수 있다.

6) 결론 및 비유

아이의 적성은 한 알의 씨앗과 같아서 언제 발견되어 어떤 환경에서 자라느냐에 따라 성장 방향이 달라진다. 아이의 성격이 굳어지기 전에, 자존감이 꺾이기 전에, 의미 없는 비교와 학습에 지치기 전에 적성이라는 내면의 나침반을 들여다보는 일은 반드시 필요하다. 조기 적성검사는 단순한 검사가 아니라, 아이의 미래를 위한 방향성과 가능성을 여는 문이며, 부모가 자녀의 '있는 그대로의 모습'을 발견하고 응원할 수 있게 해 주는 중요한 통찰의 기회가 된다.

3. 성격과 적성의 만남 - 성공을 위한 최고의 조합!

성격과 적성의 조화는 자녀의 성공을 위한 핵심 열쇠로 작용한다. 성격은 개인이 타고난 기질과 행동적 특성을 의미하며, 적성은 이러한 성격적 특성과 더불어 성장 과정에서 형성된 강점과 재능이 결합되어 나타나는 고유한 능력 구조이다. 자녀의 개별적 성향, 즉 외향성, 내향성, 도전성, 책임감 등 다양한 성격적 특성과 특정 분야에 대한 흥미와 능력인 적성이 조화롭게 발현될 때, 자녀는 자기 이해가 깊어지고 진로 설계가 명확해진다.

적성에 근거한 맞춤형 학습 전략은 단순히 학업 성취에 국한되지 않는다. 학생은 자신에게 적합한 환경에서 더 적극적으로 몰입하며, 다양한 도전을 통해 긍정적 자아개념과 자신감을 형성한다. 이는 실패와 좌절을 성장의 자산으로 받아들이고, 심리적 회복탄력성을 체계적으로 키우는 데 기여한다.

부모 역시 중요한 역할을 가진다. 부모가 자녀의 성격과 적성을 정확하게 이해하고 존중하면, 일방적 기대나 강요가 줄어들고, 신뢰와 공감을 바탕으로 한 건강한 소통이 가능해진다. 이는 자녀가 심리적 안정과 신뢰를 경험하도록 하고, 가족 내 정서적 유대와 협력이 강화되는 결과로 이어진다.

따라서 성격과 적성의 조화는 자녀가 자기 자신을 깊이 이해하고, 흥미와 강점에 기반 한 진로를 설계할 수 있도록 도와주는 삶의 핵심 전략이 된다. 부모와 자녀 간의 신뢰와 존중이 뒷받침될 때, 성격과 적성의 조화는 자녀의 건강한 성장과 미래의 성공에 결정적 역할을 한다.

오늘날 인공지능이 주도하는 빠르게 변화하는 사회에서 단순히 공부를 잘하는 것만으로는 미래를 준비하기에 충분하지 않다. 자신의 타고난 적성과 성향을 바탕으로 자신에게 맞는 분야를 찾아 심도 있는 전문성과 역량을 키우는 것이 매우 중요한 시대가 되었다. 부모와 교사에게 요구되는 가장 중요한 역할은 자녀의 선천적인 특성과 가능성을 이해하고 존중하며, 아이가 자신의 가능성을 마음껏 펼칠 수 있도록 지원하는 것이다.

성격의 본질과 영향

성격은 단순한 기질이나 감정의 일시적 표현이 아니라, 개인의 행동, 생각, 감정, 관계에 일관되게 나타나는 고유의 심리적 특성이다. 성격은 유전, 성장 환경, 경험 등 다양한 요인의 복합적 상호작용 속에서 점진적으로 형성된다. 성격의 주요 특성은 개인의 고유성, 지속성과 일관성, 다면성 구조, 행동 영향력, 변화와 성장 가능성, 환경과의 상호작용, 유전적 / 생물학적 기반, 문화적 영향, 자기-타인 인식의 차이, 적응과 대처 방식 등이 있다. 성격을 이해하는 일은 자기 이해를 높이고 원만한 인간관계와 사회적 성공을 이루기 위한 핵심 심리적 토대를 마련하는 과정이다.

성격이 인생에 미치는 영향

성격은 인간관계, 직업 선택, 스트레스 대처, 건강, 성공과 성취, 그리고 성장 가능성 등 다양한 인생 영역에 깊고 지속적인 영향을 준다. 외향적인 성격은 폭넓은 인간관계를 형성하는 데 유리하며, 신경성이 높은 성격은 스트레스와 불안에 취약할 수 있다. 긍정적인 성격은 회복탄력성과 건강한 생활습관 형성에 도움을 준다. 성격은 비교적 안정적이지만, 자기성찰과 경험, 환경 변화를 통하여 점진적으로 성장하고 변화할 수 있다.

적성의 본질과 형성 과정

적성은 특정 분야나 활동에서 자연스럽게 발휘되는 선천적인 능력과 성향을 뜻한다. 단순히 잘함을 넘어서 몰입과 성장, 그리고 내면의 동기와 직결된다. 적성은 지능과 인지적 특성, 성격 경향성, 경험과 학습, 흥미와 가치관, 사회적 환경 등 다양한 요인이 서로 영향을 주고받으며 형성된다. 적성은 고정된 개념이 아니며, 경험과 자기 탐색, 환경적 지원을 통하여 지속적으로 계발될 수 있다.

다중지능이론의 등장과 의의

하워드 가드너의 다중지능이론은 지능이 하나의 단일 능력이 아니라, 언어, 논리·수리, 공간, 신체·운동, 음악, 대인관계, 자기성찰, 자연탐구 등 최소 8가지 독립적 영역으로 이루어졌다고 본다. 이 이론은 모든 개인은 고유한 강점 조합을 가지고 있음을 강조하며, 교육에서 아이들의 다양한 지능과 강점을 발견하고 존중하는 맞춤형 교육이 필요함을 시사한다. 다중지능이론은 교육뿐 아니라 진로 설계, 자기이해, 조직 관리 등 다양한 분야에 폭넓게 적용되어 개별화된 성장 전략을 지원한다.

유아기 다중지능 발견과 계발의 중요성

유아 교육에서 다중지능이론은 각 아이가 지닌 다양한 강점과 가능성을 발견하고 자존감을 높이며, 다양한 기회를 통하여 여러 지능을 조화롭게 발전시킬 수 있음을 알려 준다. 유아의 지능은 부모와 교사의 세심한 관찰, 다양하고 균형 잡힌 경험 제공, 긍정적 피드백, 평가 도구의 활용, 오랜 기간의 유연한 관찰, 일상 속 대화 그리고 부모와의 상호작용 등을 통하여 발견할 수 있다. 아이의 성장과정에는 균형 잡힌 지능 발달이 필수적이며, 전문적인 조언과 다각적 접근이 병행되어야 한다.

조기 적성검사의 의미와 이점

조기 적성검사는 아이의 선천적 기질, 흥미, 강점과 같은 특성을 객관적으로 파악하고, 맞춤형 성장 전략을 가능하게 한다. 조기 검사는 아이가 자신의 강점을 빠르게 인지하고, 진로 탐색과 맞춤형 학습 전략 수립, 긍정적 자아개념 형성, 부모와의 진정성 있는 소통뿐 아니라 변화하는 시대에 대응력을 갖출 수 있도록 돕는 성장의 골든타임을 놓치지 않는 부모의 교육적 개입이다.

성격과 적성의 조화의 필요성

성격과 적성은 독립적이면서도 상호보완적으로 작용한다. 성격은 적성 발현의 환경과 태도, 동기 등에 영향을 주고, 적성은 성격적 강점을 성장시키는 경험의 장을 제공한다. 두 요소가 조화를 이룰 때 진로 만족, 성취,

자기효능감, 긍정적 자아개념, 자기주도성 그리고 장기적 행복이 극대화된다.

인공지능 시대, 적성과 성격을 중시하는 교육

AI 중심 미래사회에서는 비교와 모방 대신 자기이해와 몰입, 성장의 기쁨을 중시하는 자기다움이 중요하다. 각자의 적성과 성격을 정확히 파악하고 존중하는 것이 지속 가능한 성장과 주체적인 삶의 토대를 이룬다. 모든 개인은 자신의 고유한 가능성과 재능을 발견하고 계발하면서 의미있고 만족스러운 미래를 스스로 설계해 나가는 힘을 길러야 한다.

_미래인재적성연구소

부모는 자녀의 가능성을 믿어 주는 첫 번째 사람이 되어야 한다

이 책을 집필하는 과정은 저자 개인에게 매우 특별한 여정이었습니다. 수십 년간 글로벌 기업과 금융기관에서 근무하며 국제무대의 다양한 조직 문화를 경험할 수 있었고, 이후 대학교 교수로 재직하면서 교육 현장에서 학생들과 학부모님들을 직접 만나며 그들의 진로와 성장을 둘러싼 고민을 가까이에서 들을 수 있었습니다. 이러한 사회적 경험과 교육 현장에서의 만남은 저자로 하여금 "사람의 성격과 적성을 올바르게 이해하는 것이 성공과 행복의 가장 중요한 출발점"이라는 깊은 통찰에 도달하게 하였습니다.

이후 저자는 『성격심리학』, 『주역』 그리고 『명리학』 등 인간의 본성과 운명을 탐구하는 학문에 관심을 두었고, 실제로 본인의 삶에서도 성격과 적성이 직업 선택과 사회생활이 긴밀하게 연결되어 있음을 확인하였습니다. 사주명리학 역시 단순히 미래를 점치는 도구가 아니라, 오히려 타고난 성향과 적성을 발견하고 계발해 나가도록 돕는 학문으로서 하나의 지혜임을 확신하게 되었습니다.

이러한 연구는 10여 년이 넘는 시간 동안 이어졌고, 현재 저자가 운영하는「미래인재적성연구소」에서는 '사주적성'에 특화된 AAT 선천적성검사를 활용하여, 이를 바탕으로 한 '미래인재 선천적성재능코드 프로파일'을 제공하고 있습니다. 이를 통해 많은 자녀들이 스스로의 고유한 재능과 적성을 발견하고, 보다 자신감 있게 미래 인재로 성장하도록 돕고 있습니다.

저자가 이 책을 통해 가장 강하게 전하고 싶은 메시지는 바로 조기 선천적성검사의 중요성입니다.

자녀의 성격과 적성을 일찍 이해하는 것은 단순히 진로를 안내하는 기능을 넘어, 아이가 평생을 살아갈 토대를 마련하는 일입니다. 적성을 일찍 발견할수록, 아이는 불필요한 시행착오를 줄이고, 자신의 강점을 살려 효율적으로 성장할 수 있습니다. 또한 부모님과 교사 모두 아이에게 맞춤형 교육을 제공할 수 있는 확실한 근거를 가지게 되며, 이는 곧 자녀가 자기 삶의 주인이 되는 큰 힘이 됩니다.

AI 시대에는 지식보다 문제해결 능력, 창의적 사고, 협업 능력, 그리고 평생학습 습관이 더 중요합니다. 그 모든 역량의 출발점은 바로 자신을 아는 힘이며, 자신을 아는 길은 성격과 적성을 올바로 이해하는 데서 시작됩니다. 그렇기에, 조기 선천적성검사는 단순한 선택이 아니라 자녀의 미래를 위한 지혜로운 투자라고 말씀드릴 수 있습니다.

이 책은 저자의 사회적 경험과 학문적 탐구가 만나 빚어진 작은 결실입니다. 이 책을 통해 부모님들께서 자녀의 가능성을 새롭게 발견하시고, 인공지능 시대의 불확실한 변화 속에서도 자녀가 자신만의 길을 주체적으로 개척하며, 성공과 행복을 동시에 추구할 수 있도록 돕는 지침을 얻으시기를 진심으로 바랍니다.

마지막으로, 이 책을 읽어 주신 모든 부모님들께 진심으로 감사의 말씀을 드립니다. 부모님의 열린 마음과 끊임없는 배움의 자세가 결국 자녀에게 가장 큰 힘이 되어 줄 것입니다.

자녀의 앞날이 언제나 밝고 희망으로 가득하며, 스스로의 재능과 적성을 꽃피워 AI 시대의 주인공으로 성장하기를 진심으로 기원합니다.

부모님의 노고와 사랑에 깊이 감사드리며, 앞으로의 여정에도 변함없는 지혜와 용기가 함께하시기를 소망합니다.

김영락

인공지능 시대 자녀를 성공으로 이끄는

최고의 부모

ⓒ 김영락, 2025

초판 1쇄 발행 2025년 12월 25일

지은이	김영락
펴낸이	이기봉
편집	좋은땅 편집팀
펴낸곳	도서출판 좋은땅
주소	서울특별시 마포구 양화로12길 26 지월드빌딩 (서교동 395-7)
전화	02)374-8616~7
팩스	02)374-8614
이메일	gworldbook@naver.com
홈페이지	www.g-world.co.kr

ISBN 979-11-388-5086-5 (03370)